北条重時の家訓48

仕事で活かす武士道

石川真理子

内外出版社

武士道といふは愛することと見つけたり

はじめに

「女子社員が女子会状態で盛り上がっている部屋の前を通るときは見て見ぬふりをしろ。振りかえってもならないぞ。部下にもちゃんと言っておけ」

「いきなり家に帰らないで、『今から帰るよ、〇時頃に到着すると思う』とちゃんと知らせろ。さらに近くまで来たら、『もうすぐ着くよ』と念を押せ」

「宴会の料理は取り忘れたふりをして、他の者により多く取らせろ」

「高級車はやめておけ。自家用車は中の上、いや、中の下くらいがちょうどいい」

これが武将の教えだと信じられるでしょうか。しかも今から750年近く前、鎌倉時代のものです。

もちろん内容は現代風に読み解いてはいます。しかし、述べていることの核心部分は、はずしてはいません。

家では妻の機嫌を損ねないよう配慮し、職場では上司はもちろん部下、同僚、そして女性社員に対して神経がすり減るくらいに気を遣う…。来る日も来る日も、まめまめしい努力の連続です。

男が仕事で身を立てるということは、生きた証を残すことに繋がるのでしょう。たとえそれが消え去ってしまうようなものであったとしても、せめて人生の幕を閉じるその時には、「俺はここまでやったんだ」と思いたい。

その仕事が、かつての武士は宮仕えや合戦で功を上げることであり、現在においては、それぞれの職務を果たすことになるわけです。

こうして考えてみると、今を生きる働き盛りの男性も鎌倉武士も、さして変わりはないのかもしれません。

男とは、なんと儚い存在であることか。

しかしそれでも生きねばならない。どんなにか世の中がせちがらく、不条理に満ちていようとも、一度きりの人生を力強く切り開いていかねばならないのです。

それには拠って立つものが必要です。重き荷を負いながら坂道を登るがごとき人生に、何が支えたり得るか。

武士道とは、その拠って立つものであると私は思っています。

武士道は神棚にあげておくものではない。

これが私の信条です。

武士道を学んだところで日常の一挙手一投足に活かされていなかったとすれば、それは学んでないも同然です。

読者の中には「知行合一《ちこうごういつ》（言葉と行動が合致していること）」という言葉を連想した方もおられるのではないでしょうか。知行合一を説いた王陽明《おうようめい》の『伝習録《でんしゅうろく》』には、「知りて行わざるはただ是れ未だ知らざるなり（知識があろうと行っていないなら知らないも同然だ）」

とあります。武士の娘として厳格な躾《しつけ》を受けた私の祖母も、「学んだことを行っていないのなら、それは学んでいないのも同然なんですよ」と、しばしば口にしたものでした。そんな祖母から幼少期に薫陶を受けた私は、「武士道とは行動に活かすもの」という認識をごく自然に抱くに至ったのです。

あえてこのように述べるのは、武士道を奉ずるあまり「武士道論」に終始してしまうケースがしばしば見受けられるためです。

明治元年から150年、武士階級が事実上解体されたと見ていい明治6年（1873）から145年。

武士が存在しなくなった一方で、世界からも憧憬の眼差しを向けられることの多い「B

USHIDO」が、半ば神聖化されるのも無理からぬことかもしれません。

しかし、それではもったいない。この一言に尽きます。

武士道を指針として行動に活かすことは、人間修養となるのはもとより、日々が活性化し、家庭や職場などの人間関係も良好になり、ひいては難局に挑む原動力になることを、しみじみ実感している私からすれば、「つべこべ言わずに淡々と実行あるのみ」と言いたいところなのです。

では、武士道に則った行動とは何か。

その疑問に答えるもののひとつとして、武家に伝わる家訓があげられます。武家の家訓からは、武士家庭の躾のあり方やその教えを具体的に学ぶことができるものが少なくないのです。

本書では、現存する武将の家訓の中で最古のものといわれている北条重時《ほうじょうしげとき》の家訓『極楽寺殿御消息《ごくらくじどのごしょうそく》』を採り上げました。

あえて最古のものを選んだことにはわけがあります。

まず、北条重時の時代（鎌倉時代中期）に、すでに武士道が立派に確立されていたのがわかるためです。

武士道は武士が官僚化した江戸時代に研鑽され、極めて高い精神性を日本人全体に与えることになりました。

江戸時代を頂点とするなら、萌芽の頃ともいえる鎌倉時代においては、ずいぶん野蛮なものであったのではないかと思うのが普通です。ところが、まったくそうではありません。むしろすでに鎌倉時代において、ここまで確立されていたのかと驚くほどです。しかも、その内容の多くが現在にも通用するではないですか。

たとえば…

＊女性に接する時の注意点
＊部下や同僚と良好な関係を築くための工夫
＊仕事に向かっていくときの姿勢や、その際の覚悟の持ち方
＊ボケてきた親の相手をする際のコツ
＊どうすれば運を切り開いていけるのか

現在でも多くの男性が思い悩むことではないでしょうか。重時はこうした問題について、かくあるべしと具体的に述べています。

また、次のようなことも理解することができます。

＊武士道は男尊女卑的な思想ではない。むしろ女性は大事にされていた（当時の男も女の

怖さを身にしみて知っていた）。

＊忠義とは家臣が主君や上司などトップのために一方的に尽くすのではなく、トップも部下のために尽くすという、いわば双方向でなければ真の忠義とは言わない（それどころか、上に立つ者は部下、それもごく下級の者に対しても恐ろしく濃やかに気を遣っている）。

＊「命を惜しむな」とは潔く死ぬことではない（やたらと死んでいたら勢力を失うことになる。人口減少はいつの時代も深刻な問題）。

＊同僚の嫉妬は怖い（男社会は出世競争、当然、本音とタテマエがある。表向きは爽やかでも中身はけっこう陰湿）。

＊老人はボケるもの（どんな立派な人間も老いには勝てない。年老いた親の世話はいつの時代も憂鬱で負担になる）。

重時という人物は、よほどの心配性とみえます。非常に真面目で神経質といっていいほどかもしれません。そのうえ母親を早くに亡くすなど幼い頃から苦労を重ねていました。

長じては執権であった兄を支え、兄の子、つまり甥が若くして執権に就くと、陰ひなたとなり補佐しています。

重時は北条家の中では珍しく、合戦の経験がありません。武人でありながら、実際的には政治家であり、さらには警察署・裁判所のトップでもありました。しかも、庶民が豊かに暮らせるような施政を行い、判決を下していったのです。当時としてはおよそ画期的としかいいようのない「民主政治」といっても過言ではないでしょう。その結果、執権・北条時頼《ほうじょうときより》（重時の甥）において幕政は安定し、盤石といっていい状態になったのです。

重時の家訓が現在にも通じるのは、今でいえば政財界人のトップとして「いかに人を取りまとめていくか」という処世術としての色合いが濃いためでしょう。

とにかく、日々些末と思われるような問題に地道に対処していかねばどうにもならないんだ、ということを、骨の髄まで理解していたのが重時なのです。

それを家訓として伝えることによって、若い息子たちがどうにか運を切り開き、良い人生を生き抜いてくれるように、切々と願っていた。いうなればオヤジの説教です。

ただ、重時の慎重で生真面目な性格のためなのか、全体的にくどいのです。念を押すような文章ですし、似たような内容が重ねて書かれた部分もあり、それが百項目にも及んでいます。

そこで、その中から活学としてより役立てやすいものを選び出し、テーマごとに四十八項に編さんすることにいたしました。また、できる限り読みやすいよう、原文の意図するところを外さないよう注意しながら、口語調に意訳しています。日々、家庭や職場で活かしていただければ嬉しい限りですし、重時公も喜ぶに違いありません。

ついでながら「活学」という言葉は、近代日本の碩学《せきがく》である安岡正篤《やすおかまさひろ》先生が使われていたものです。大学時代に陽明学《ようめいがく》を研究された安岡先生は、王陽明の述べるところの知行合一を「活学」という言葉で表しました。

最初に述べたように、学びは活かさねばならないとする安岡先生のあり方に私も大いに準じます。そのため私が書いたり述べたりする場合、単なる武士道ではなく「活学武士道」とさせていただいている次第です。

「武士道」というと、勇猛果敢な印象を抱く人が多いことでしょう。しかし、いざというとき勇猛果敢であるためには、実は非常に地味な努力の積み重ねがあるということ、つまり、ともすればどうでもいいような些細なことの積み重ねこそが底力となり、ひいては難局を切り開いていくだけの大なる力になることを知っていただければ幸いです。

※本書では明治43年（1910年）に出版された『日本教育文庫　家訓篇』（同文館　国立国会図書館所蔵）を底本に意訳しました。

※北条重時については『北条重時』（森幸夫著・吉川弘文館）を参考としました。

もくじ

三章　仕事の八割は処世術——佳き人間関係を結ぶ「克己復礼」 73

もくじ

もくじ

五章　人生は心しだい——浮き世を達観せよ　171

もくじ

カバーデザイン　小口翔平＋山之口正和(tobufune)
本文デザイン・DTP　ナナグラフィックス

章

これだけはやっておけ
——己の礎となるもの

ぶれない自分を築く基となるもの。
それは根本である。
根を鍛え、掘り下げるなら
ちょっとやそっとでは倒れない。
やがて自信に繋がる心得を肝に叩き込め。

一

祈念の力をあなどるな

やがて自信に繫がるもの

「困ったときの神頼み」との言葉があります。どうにもならない時、ここという時に、思わず手を合わせた。そんな経験は誰しもあるものです。

科学の時代と称された20世紀はむしろ科学が万能でないことを発見したといえるかもしれません。混迷の21世紀が到来し、改めて「祈りの力」に目覚めつつあるような気がします。

簡易であっても神棚や仏壇を設置している人。出勤前に近くの神社仏閣をお参りする人。参拝すると身も心も引き締まるものです。

問題は、何を祈念するかです。

「正直な心」に勝るものなし

朝晩神仏を拝んで、祈り念ずる心を忘れぬようにせよ。

神様というのは人間があがめ奉るからこそ威を増すものだ。そして我々人間は結局のところ神の恵みによって運命を保っている。

ゆえに神仏にお参りし、この人生を与えられた能力を活かしつつ歩んでいくために正直の心をお授けくださいと祈るのだ。

そうすれば今生で活躍できるだろうし、地獄に落ちることなく無事にあの世に行けるだろう。これ以上のありがたいことはない。

このことをくれぐれも理解しておくのだぞ。

祈念のコツは「正直な心をお授けください」だというのです。

昨今は、ますます正直者が馬鹿を見る世の中になってきているのに、そんなこと祈るバカがいるか。

たぶん、そう思う人は少なくないでしょう。実際、正直であろうと努力して損をした、という経験談はあちこちで聞かれます。

人の裏切りにあった、金銭をだまし取られた、出世競争で出し抜かれた…、などなど、笑えないことばかりです。

しかし、それらはあくまで現世においての「損」です。あの世、あるいは来世ではどうなるか。そこまで考えて、重時は正直であれと説いています。

いやいや、あの世があるか来世があるかなんて、そんな雲をつかむような話に何の価値がある。あるかどうかもわからないことよりも、目の前にある現実のほうが大事じゃないか。

おっしゃるとおりです。

では、あの世も来世もないという前提で考えてみましょう。

すると、「正直な心をお授けください」は、「できるだけ自分に嘘をつくな」という言葉に言い換えることができるのではないかと私は考えます。自分に嘘をつくこととは、自分の良心や本心をあざむくということです。

悪いとわかっていてもやってしまう。それに対して、「こうだから仕方ない」と都合の良い言い訳をする。

そうやって自分に嘘をついて、本心や良心を騙《だま》しつづけていると、ついには自分を見失うことになってしまうでしょう。それが、自分の身の振り方がわからない、いかに生きればよいかわからない…といった迷いに繫がっていくのではないでしょうか。

一度きりの人生です。自分に嘘をつき、自分をあざむきながら、言いたいことも言わず、言うべき事も言えず、やりたいこともできずに終わるとすれば、何のために生まれてきたのかわからなくなっても当然でしょう。

誤解のないように申し上げますが、「自分に嘘をつかずにやりたいことをする」というのは、決してわがままで傍若無人な振る舞いを言っているのではありません。むしろ相反することです。真の「良心」とか「本心」とは、「私心」とは似て非なるものだからです。人を押しのけても自分の欲求を満たそうとするのは「私心」です。対して、ここで述べている「良心」「本心」は、少しくらい辛抱してでも周囲のためになるような道を選ぼうとする心です。

武士は公の立場に生きた存在でした。その武士のあり方が、やがては日本人そのものの民族性になっていきました。つまり、日本人は「私」よりも「公」を重んじる民族性を紡いできたのです。

世のため人のため、自分の目先の欲望を制しても尽くすことが、結果的に人生の喜びや幸せをもたらすことを、日本人はよく理解していた。だから、自分の良心に嘘をつくことなく、正直に生きようと努力したのです。

それがたとえ大損するようなことになろうとも、長い目で見たら幸運を招く結果とまでいわずとも、「だからよかったのだ」ということにもなるのです。どん底から這い上がったというような経験談が散見されるのもそのためでしょう。

昔は「お天道様（おてんとうさま）が見ている」ということがよくいわれました。さらには「誰も見ていないからといって、卑怯なことをして恥ずかしくないのか」というようなこともいわれました。

武士道において「正直の徳」は「廉恥《れんち》の徳」と一対になっているのです。

卑怯なことをしない正直な人は、いつの時代も最後には信頼されるものです。そして自分がそうあろうと努力すると、やはり正直で堂々と生きている人と良縁が結ばれるようになります。

二

命を惜しむな、欲を捨てろ

生きることは修行

仕事は人生の大半を占めるものです。

むしろ仕事は人生そのものといえるでしょう。

企業に勤めたり、経営者であったり、個人事業やフリーランスなど働き方はさまざまですが、事に仕えてなにごとかを成し遂げることには変わりありません。

日本は階級社会ではありませんが、おのずから上下関係はあるもので、また、なければ何十、何百、何千何万という人々が、一つの目的に向かってまとまることなどできません。

仕事をするうえでは、上司はリーダーシップを、部下はフォロワーシップをそれぞれ発揮することが、どうしたって必要なのです。

そうすることによって自分の使命を果たすことも可能になるのではないでしょうか。

脇目もふらず使命に懸けよ

仕事に就いたら、あちこち目移りせずに、ひたすら上司のことを大事に思え。上司のためなら、命をも、どんな宝だろうとも、惜しまないくらいの心意気が必要だ。たとえ上司が思うように目を掛けてくれなかったとしても、気にするな。必ず神仏の御加護があるから大丈夫だ。

職責を果たすことも人生の修行だと思え。使命感をもって誠実に尽くすこともしないで恩恵にあずかろうなどというのは、船もないくせに荒海を渡ろうとするようなものだぞ。

この教えは武士道における「忠義」を説いています。

時代劇や大河ドラマなどを観ていると、忠義とは家臣が主君のために尽くす一方向的なものとして描かれています。しかし、真の忠義とは主君も家臣のために尽くす双方向なのです。まさにリーダーシップとフォロワーシップの関係です。

それでもさすがに上司のために命も宝もとは…と思いますね。

これは「それくらいの心意気で」ということで受け止めてよいでしょう。もし、あなたがボスだったとして、部下がすべてを投げ打つような勢いで自分についてきたら、どう思うでしょうか。

なんとしても成功させて、彼らを喜ばせたい！　そんなふうに思って、あらん限りの力を尽くそうと奮起するのではないでしょうか。おのずから団結力も勢いも違ってきます。

ひとつのこと、一人の上司に、一心に尽くそうとする心意気と熱意は、ともすれば持てる力以上のものを発揮することにもなるのです。

ただ、そのようにしても「報われていない」と感じることも、一方ではあるものです。そのような場合、必死でがんばったことは、無駄になるのでしょうか。

これは、筋トレにたとえるとよくわかります。たとえ納得するだけの報酬が得られなかったとしても、実際にその仕事のために発揮した労力は、その人自身の能力を向上させているはずです。

誰も認めず、褒められもしないけれど、黙々と筋トレを続けていれば、おのずから筋力が向上するのと同じです。

その力は、いずれどこかで大いに役立つことになるでしょう。それこそが「神仏の御加護」といってもいいのではないでしょうか。

天は使命感をもって努力した者に対して、必ず機が熟したときに、なんらかのプレゼントをもたらしてくれるものです。

人生の荒波を乗り越えていくうえでは、どんなことも修行となりえますが、こと仕事というのは多くの試練と学びをもたらします。ゆえに最たる人生修行といえるのかもしれません。

ここで、武士道の死生観について少し述べておきましょう。

サムライというのは潔く死ぬものだと思っている人は少なくないと思います。実際、潔さというのは大切な要素です。

しかし、潔く死ぬということは、簡単に死ぬことではけっしてありませんし、まして命を軽んずることでもありません。

「命を惜しむな」というのは、「天から与えられた命を存分に生かせ」ということです。

「ここは何としても生き抜かねばならない」という際には、どんなに苦しくても生き残らねばなりません。災害時に祖母を励ましながら必死で生き抜いた中学生の少年がいました。

一方、「命を懸けてでも」という場合もあります。濁流にのまれそうな子どもを命懸けで救った…というような事例も少なくありません。なんともやりきれない悲しい話ですが、その人は自分の命をそういうかたちで生かしきり、たとえ肉体は失われようとも、その想いと生き様は、しっかりとこの世に刻みつけていったのです。

自分の命は天から賜ったものである。

このことを私たち現代人は忘れがちではないでしょうか。

武士が精神性を極め、ついには生死を恐れなくなるまでになるのは、命とは天から賜ったものであるから、死ぬことによって、また天に返すだけのことだ、という認識があったからです。

そして、賜った命であるからこそ、天に返す命ができるだけ美しくあるように、美しく生きようと努力した。

命を大切にするとは、こういうことだと私は思っています。

三

年老いた親の言葉は、心静かに聞け

大事なことは後でわかる

孝行したいときには親はなし、ということがよくいわれます。失うことによって、ようやくそのありがたみがわかるということはよくありますが、親というのもそうしたものでしょう。

老いとはかくも悲しきもの

親の教訓は、間違っても適当に受け流してはならない。どんな親だろうと子どもの幸せを望むものだ。しかし、その親心をわかる子どもはほとんどいない。うっとうしいといわんばかりだ。親のなげきはいかばかりか…まったく憂えるばかりだ。これでは親不孝というものだ。良き子どもを見るときの親というのは、どれほど嬉しいことか。親孝行とはこういうことだ。

たとえ繰り言であろうとも、年老いた親の話はよくよく心を静めて聞くのだぞ。年老いて衰えてくると、誰しもまるで子どもに返ったように幼児性が出てくるという。白髪になって、顔には皺が寄り、腹は出てきて、往時の姿はどこへいったかというほどになる。訪ねてくる人がいても、かたちばかり挨拶だけですぐに帰ってしまい、心から会いたいと思って訪問してくれる人などいない。

姿ばかりか、心持ちも昔とは変わってしまい（著者注＊ボケてきたということかと…）聞いたことを憶えていられないし、見たものも忘れてしまい、ここは喜ぶところなのに恨みがましくなったり、恨むべきところを喜んだりする。老人というのはそうしたものなのだ。

こうしたことをよくよく心得て、年老いた親に対しては、まず憐れみの心をもって、けっして邪険にするでないぞ。長年生きてきて、老い先短いことを思って、とにかく言うことを聞いておけ。お前も年老いてくれば、きっとわかるだろう。

自分の親が他人に対して道理でないことを言ったりしても、相手をよくなだめておけば、なんとかおさまることだろう。しかし、自分に対して言うことであれば、たとえ道理ではなくても、とにかく言うことを聞いておけ。さもないと、いつか親を失った時に、あの時もっと話を聞いておけばよかったと後悔するぞ。

この文章は、あまりにくどくどと長いので、どこかで端折りたかったのですが、結局、全文を意訳しました。

というのも、読んでいると重時の哀しみが、じわじわと感じられ、省略したりしたら、ばちがあたりそうな気がしたからです。

老いに対する淋しさ、焦燥感、孤独感、不安感を、武将といえどもこんなにも感じていたのは驚きです。頭は白髪になって顔には皺が深く刻まれ、お腹はだらしなく出て精悍さの欠片もない。

きっと鏡を見るにつけガッカリしたのでしょう。こんな自分を訪ねてきてくれる人もない……と多少いじけている感があります。

年齢とともに容姿が衰え、心の張りも失われ、美しさから遠ざかっていくような自分を嘆くのは、何も女性ばかりではないのです。男性もまた、美しくありたいと思うものなのでしょう。

しかも、憶えられなかったり、忘れてしまったり…、俺はボケてきているんじゃないか？と、嘆いているというよりは、むしろ恐怖さえ感じているようです。

年を取れば誰だってこうなるのだから、繰り言だろうともちゃんと話を聞いておけよ、という言葉は、もちろん大切な教訓ではありますが、同時に重時の懇願のようにも感じられます。

子どもにとって親は「強いもの」という意識を潜在的に持っています。そのため、実際には年老いて弱っているという現実を、どこかで受け入れることができないのかもしれません。だから、いざ親孝行をしようとしたときには他界してしまった、ということが起きてしまう。

年老いて認知症も入ってきた親に寄り添うのはなかなかたいへんなものがあります。私も介護を経験しましたが、仕事との両立は相当な負担がかかりました。

しかし、いつかは自分も老いるのだ、ということを思えば、少しは寛大になることができたような気がします。

それにしても、高齢化社会。圧倒的に介護する側が少ないことを思えば、惻隠《そくいん》の情を保つには、よほどの努力が必要になりそうです。

四

人生の先輩に敬意を、後輩には思いやりを

赦しと慈しみが潤滑油

重時は生涯のほとんどをナンバー2として送りました。

つまり、上下に挟まれて最も気を遣うポジションにいた、ということです。

難しい立場を保持していくために、とにかく人間関係について、よほど気を遣っていたようです。

その基本となっているのが「礼」。年上にはもちろん、年下にも、ひいては若年者に対しても、礼を忘れてはならないと説いています。

無礼な言動は百害あって一利なし

交際のコツは、年上の人のことは親のように思い、若い者たちを弟のように思うことだ。

まだ年端もいかないほど年下の者のことは、子どものように思うがよろしい。
いずれも、敬いの心を忘れてはならない。若者たちを弟のように思えといっても、けっして無礼な言動があってはならぬ。誰でも過ちを犯すものなのだから、赦す心を常にもって、慈しむようにせよ。

武士道では仁・義・礼・智・信の五常に、忠・孝・悌《てい》を加えた八徳を説いています。「孝」が親のみならず目上の人を敬うことを、「悌」が地位や年齢が下の人、つまり弱い立場の人に対して思いやりを持てということを教えています。

「礼」とは思いやりのことです。礼儀とは、思いやりがかたちになったものであり、単なる形式ではありません。

また、年上に対する礼と、年下に対する礼とでは、同じ礼であっても、表れ方は微妙に違ってきます。

年上の人に対して礼を尽くすのは、それなりにできるものでしょう。しかし、年下の人に対してはどうでしょうか。馴れ馴れしく振る舞うほうが年若い人たちを気楽にするものだという思い込みがないでしょうか。

それも一理あるとは思いますが、やはり年下であっても敬う心を忘れてはならないでしょう。

若い人は案外、年長者の振る舞いを見ているものです。年下だからといって軽率な接し方しかできない人に対しては「それだけの人」としか思えない。年下でも敬意を持って接する人に対しては、尊敬の念を次第に抱くようになる。そんなものではないでしょうか。

ごく単純に、「自分を大事にしてくれる人のことが好き」ということなのです。これは年齢には関係ないですね。

「悌」は「惻隠《そくいん》の情」にも通じています。

「惻隠の情」とは、相手の立場に立って、その哀しみや愁傷や怒りを自分のこととすることです。また、相手が喜んでいるとすれば、たとえ自分が悲しい時であっても、相手の心に寄り添って、共に喜び合います。

武士道というと勇猛果敢なイメージがあるかも知れませんが、実は、こうした弱い立場を思いやることこそ、武士道の核心部分であると私は考えます。世界にはさまざまな道徳や宗教がありますが、勝者が敗者を慮ることに、武士道ほど成功してはいないように見受けられます。

たとえばスポーツでは勝者が全身で喜びを表現する姿が見られますが、剣道の試合で最後の礼の場面だけを見たら、どちらが勝者であるかまったくわかりません。

日露戦争の際、捕虜となったロシア兵が松山や広島の収容所にやってきました。日本人が彼らのことを丁重に扱ったために、少なからぬロシア兵が「帰国したくない」と言ったほどです。

また、第一次世界大戦の折、徳島俘虜《ふりょ》収容所では松江豊寿《まつえとよひさ》（陸軍少将）収容所長のもと、ドイツ軍俘虜が可能な限り母国の生活に近い暮らしをしました。

主食のパンを焼いたり、ソーセージやハムを作るため養豚もしたり、さらには年の瀬に第九を大合唱。日本で初めて第九が演奏されたのは、なんと俘虜収容所の中だったのです。おそらくアジア初でありましょう。

このように年下や弱い立場を思いやる姿勢は、実に素晴らしい武士道の実践ということができます。

さらにそのうえで、重時は「赦す心を持て」と教えています。さすがですね。「人物」と称される人は、おしなべて寛大なものです。「まあまあ」といって赦すことができるひとが一人でもいると、その場が和み、とげとげしい空気も緩和されます。

※松江豊寿…明治5年6月6日（1872年7月11日）～昭和31年5月21日　会津藩士の家系に生まれる。最終階級は陸軍少将。1922年2月に除隊後、同年12月より第九代若松市長に就任。徳島県鳴門市の板東《ばんどう》俘虜収容所における松江豊寿の活躍や、捕虜となったドイツ兵ならびに地元住民との交流は、映画『バルトの楽園』にも描かれている。

五

とらわれるな、達観せよ

すべては無常。流れ、変わりゆく

刻一刻と過ぎゆく時。

私たちは決して止まることのない流れの中で生きています。流れの中で生まれ、流れの中を生きてゆき、そして息を引き取ります。その後も流れは止まりません。

この事実を、しかし、私たちの多くが、ふだんまったく意識することなく過ごしているものです。

すべては天の采配

楽しい時でも、苦しい時でも、無常というものを心の中で感じておくのだぞ。

楽しければ、なぜこの楽しみが与えられたのか、苦しければ、この苦しみは何が原因でもたらされたのか、因果…つまり、原因と結果というものの道理を考えるようにせよ。その理《ことわり》に対する理解を深めていくと、やがては生死は無常であるということも悟るだろう。

すべては流れ行くこと、常に変化し続けていることを仏教では「無常」といいます。

武士道では生死を超越することを目指しますが、これも仏教思想の影響です。「生きたい」「死にたくない」という思いにこだわっていると、かえって迷いが生じて判断を誤りやすくなるのでしょう。いざ合戦という時に迷っていては、かえって死の危険を近づけることになりかねません。

しかし、突き詰めると、平時だろうと戦時だろうと「生きるも死ぬも天の采配」ということができます。

例えば、両親の出逢いが「因」となり、自分が生まれたという「果」がもたらされました。が、その両親にはそれぞれの親があります。そうしてどんどん遡っていくと、何代も何十代も先祖を遡っていき、ついには途方もないことになります。

すると、それこそこの天いっぱいに広がるほどの「因」が、この自分の命をもたらした「果」であることがわかってくるのです。

そのように考えてみれば、この世のほとんどすべてのものが、究極的には人間の意識や力を超えたところにあるということにも気づいてきます。

無常とは大いなる天の流れであって、因果とは、この無常の中にこそあるのです。

武士道の「智」とは、このような叡智《えいち》のことをいいます。もっとも、こうしたことを実際に悟ろうとするなど、とうてい無理な話です。だからせめて、日頃からわずかなりともそうしたことを考えるようにしろ、というのが重時の教えです。

わからないならわからないなりに、日頃から心を向けることによって、もしかしたらいつかはわかる時がくるかもしれない。

そのためにも、楽しい時はどうしてこの楽しみがもたらされたのか、苦しい時はどうしてこの苦しみが与えられることになったのか、それを単純な「原因と結果」としてではなく、もっと深く、広く視野を広げて思索せよ、というのです。

このような結果がもたらされたのは何が原因だったのだろうかと深く思索するようになると、人は謙虚になり、どんなことに対しても「ありがたい」と思えるようになるのではないでしょうか。

自分一人の努力だけではどうにもならない。

そこには多くの人がかかわっているだけでなく、理屈理論を超えた力が関係している。

だからこそ、命も究極には「天の采配」ということになる。つまり、いつ死ぬかわからない、ということがつくづくわかってくる。

いつ死ぬとも知れないのが人生だとわかると、良い人生にするためには、明日死んでも良いように生きるほかない…ということになってきます。

武士のあり方を表す言葉に「一所懸命」があります。君主から賜った土地を命懸けで守ろうとする武士の生き方から転じて、「ひとところに命を懸ける」、つまり「今、ここ」に「命を懸ける」と理解して差し支えないでしょう。

この日、この時は、二度と訪れることありません。明日の自分は今日の自分とはごくわずかだけれど違っている。

まさに無常です。

その日その日、この一瞬一瞬を二度と来ないありがたいものとして、命を燃やすようにして生きる。楽しければ楽しいことをありがたいと思い、苦しければ苦しいなりに、しかしこれこそきっと自分の糧となると受け入れて全力を尽くす。

このような姿勢で一日一日を大切に生きていくことができたら、どんなにか人生が豊かになるか知れません。

いつ死んでもいいように生きることは、悔いのない人生へとつながっていく基本となるのです。

コラム

武士道における仏教・神道・儒教の関係

日本に仏教がもたらされたのは6世紀なかば。当時の外交は、仏教なくしては成り立たなかったこともあり、聖徳太子は積極的に取り入れ、何よりもご自身が深く学ばれました。そのため十七条憲法にも仏教的要素が色濃く反映されています。

なお、儒教は仏教よりも若干早く伝来しています。もっとも、日本に仏教が伝わる際には、仏教そのものに多分に儒教的要素が加わったかたちになっているということができると考えます。なぜなら、中国大陸を経由してくるためです。

日本に仏教が伝来することは、儒教がより深まりを見せていくことにも繋がったといってもいいでしょう。

仏教は聖徳太子以降も歴代天皇が重要な基礎教養としました。そのため、お公家さんも武士も、積極的に仏教を学ぶようになったのです。

平安時代においては貴族の基本的教養であり、どちらかというと文化的教養という感があります。それが鎌倉時代になると、武士を通じて日常生活における実質的な教えや人間としてのあり方、人生観になっていったようです。というのも、貴族が「文武」のうち「文」にシフトした存在であるのに対して、武士はあくまで「武」が先にあるからです。「武」を「行動」と言い換えれば、仏教を単なる知識ではなく、日常の行動に活かすものとしたことが理解できるかと思います。

武士が日常に活かしたことの意味は非常に大きかったということができます。それは、一般民衆への、いわば「橋渡し」的な役割を果たす結果になったと考えることができるからです。仔細はともかく、高いところから低いところへ水が流れていくように、時代を経るほど民衆にも浸透していったのです。

特筆すべきは、仏教を取り入れるからといって、日本に本来あった神道を排斥したりはしなかったことです。ここが日本人の持つ民族性の誇るべきところです。

仏教と神道、さらには儒教や道教までも融合させて、日本人の感性に適したかたちにしていった。いわば「日本仏教」といっていいものを実現したのが日本人です。

武士道は、その上に成り立ったものです。新渡戸稲造《にとべいなぞう》は『武士道』の中で、「仏教と儒教と神道という3つの要素が混然一体となり、いつ知れるともなく生まれ、時代とともに成熟していったのが武士道である」との説明をしていますが、その背景には、このような事情があるといっていいでしょう。

ともあれ、この「日本仏教」が日本人の民族性を決定づけたといっても過言ではないと私は考えます。日本人は神仏一如の中で生きてきたために、排他的にならずに済んだのです。異なるもの同士でも調和させ、日本的なかたちにしていくことができる、「和」というものを実現することができる民族は、世界広しといえどもなかなかないでしょう。

現在のように神仏が別々になってしまった決定的なきっかけは明治元年の神仏分離令です。江戸時代にもいくつかの藩が神仏分離政策を行いましたが、日本一国の流れとはなりませんでした。

近代化するうえで国教を持つ西洋文明国とつきあうため神道を国教のように位置づけたことが、廃仏毀釈《はいぶつきしゃく》というような流れまで生んでしまいました。現在でも、まるで「日本=神道」とする向きがありますが、それは少し違うのではないかと私は思っています。

仏教には全盛期といえる時期が幾度かありますが、重時の時代もまさにそうでした。法然《ほうねん》上人の浄土宗に帰依していた重時。下層階級はもとより、馬などに対しても濃やかな思いやりを示せとの教えがあるのは、仏教が求める慈悲を、人間性の基本としていたためでしょう。

章

男たるもの、まずは風格だ
——挙措《きょそ》進退《しんたい》と身嗜《みだしな》みの基本

風格・風韻とは些細な努力の積載である。
一挙手一投足に己があらわれる。
些末なことに気の回らぬ奴が
大事を成し得ると思うな。

六

宴席や食事の席では品良く振る舞え

気を抜く時に気を抜くな

会食や宴席というのは、否応なしにその人の品性があらわれてしまうものです。育った環境、意識、教養の程度…。

それは高学歴かどうかとか、富裕層家庭かどうかといったこととは、直接的には関係ありません。

経済力のある家庭に生まれ育った高学歴の男性ならば、もれなく気品もついてくる、というわけではないですし、逆もまた然《しか》りで、恵まれない家庭環境で早くから社会に出て働き始めたという人の中に、きわめて礼儀正しい人もいます。

要は自分次第なのです。

今や礼儀作法の基本的なことは、本やネット、セミナーなどでも学ぶことができる時代ですから、型どおりのことは、ある程度、たしなむことはできるでしょう。

ここで述べるのは、そうした基本をふまえた上での…いえ、ふまえていなかったとしても、役に立ちそうな教えです。

出過ぎず引きすぎず、加減を見極める

出された茶菓子などは、自分でも取って食べるような振る舞いをしながらも、そっと取り忘れたようにして、他の者に多く取らせるようにせよ。それも、人に気づかれぬようにさりげなくやるんだぞ。

料理にしても、自分の分は人に差し上げるよりも少なくするように。しかし、あまりに少なすぎるのもよくない。ほどよい加減を見極めよ。

お酌をする際には、3歩手前くらいから身を低くして進み出て、お酌をしたら3歩退いてかしこまるように。狭い場所や、女たちの前では特に心を配るようにせよ。

この教えは、もとは3つの項目に分かれていましたが、同じ「会食・宴席」にまつわるものとして、ひとつにまとめました。

茶菓子でも料理でも、大皿から取り分けることがしばしばあります。そうした時に、他の

人により多く取らせるために、自分は控えめにしていよ、というのです。しかも、取り分けるようなふりまでして、気づかれぬように、です。

お酌の仕方については、これではあまりにかしこまりすぎではないかと思えます。これは相手と周囲との距離感に配慮することの大切さに目を向けるといいでしょう。

3歩手前くらいから挨拶をして、お酌をしたら、少し退いてから話をする。

宴席では、唐突にやってきて、お酌をしながら話す人、また、後ろに他の人がお酌をしようと待っているのにも気づかずに延々話してしまう人…など、いろいろ見られます。いずれも周囲に気を配っていないことが見て取れる振る舞いです。

ふだんはともかく、宴席酒席となればなんとなく気がゆるむためでしょう。

そもそも気を抜いて楽しむのが酒席じゃないか。

そう思う気持ちも分かります。しかし、そこをあえて気を抜かない。念のためいえば、気を抜いているふりをして、気を抜かないようにするのです。

そうでなければ、人に気づかれぬように配慮するなどという面倒なことができるわけがありません。

この教えからは、ふたつの利点が見えてきます。

ひとつには心中冷静でいられるため、同席した人たちの、ふだん知ることのできない面を見いだすことになる。同僚はもとより、上司や部下の思いがけない一面を発見するかも知れません。

もうひとつには、存分に楽しみながらも常に控えめに、立ち居振る舞いも言葉も乱れないところを、見る人は見ている…ということです。

それは、とりもなおさず「見る目のある人の目につく」ということです。「有力者の目にとまる」ということにもなるかもしれません。

武家の家庭では、男子に対して食事の作法が徹底して躾けられました。会食や宴会、茶会などなど、公の席に出ることも大事な役割だったからです。

箸の上げ下ろしはもちろん、食べ終わった時には器がどれもきれいになっていなければなりませんでした。お漬け物にお醤油をかけたなら、最後の一切れで醤油を拭うようにして、お皿をきれいにしていたといいます。そのためにはちょうどいい分量を一瞬で見極めて、迷うことなくさっとかけなければなりません。

たかが、お漬け物の醤油です。しかし、こんな些末なことでも、瞬時の判断力を磨くための材料にされていたのです。

日常のどのようなことでも己を鍛錬する材料にしてしまう武士のあり方には学ぶところが多いものです。

七

けじめのない起居動作をするな

慎みという美徳を忘れるな

慎んだり、かしこまったりということが、最近は本当に少なくなったかも知れません。

慎みとは日本人の素晴らしい美徳のひとつであり、気品に欠かせない要素のひとつです。重時の家訓にも、慎みの美徳が常に底流にあります。

では、その慎みをいかに身につければ良いのか、ということが問題になります。

ひとつには、ふだんからできるだけ折り目正しい所作を心懸けていくことだと思います。

物事をいい加減にしない、何より自分自身のあり方をぞんざいにしないということそのものが、身を慎むということになり、ひいては心の慎みにも繋がっていくのです。

全身に神経を漲《みなぎ》らせよ

なげしの上に竹釘を打つな、畳の縁を踏むな、敷居の上に立つな、囲炉裏の縁もまたぐな。つまり、人に対しても世の中に対しても、常に慎みのある態度でいろということだ。

なげしの上に竹釘…。いくらなんでも細かすぎるのではないかと、つい思います。いったい、ここまでのことを「家訓」とする必要があったのかどうか。

和室が格段に減った今では、なげしというのが何かわからない人も少なくないでしょう。なげしとは、もとは鴨居と並んで柱を固定するための構造材でした。それが、やがては単に装飾的なものとなっていったようです。現在は「なげしフック」なるものもあって、これを使ってハンガーをかけたりもします。

重時がわざわざ竹釘を打つなとしているのは、まだ構造材であったなげしに竹釘など打てば、そこから家が傷んでしまうとしたためでしょうか。もしかしたら重要な意味があるのかもしれませんが、残念ながらこれ以上のことは読み解くことができません。

続く「畳の縁」も「敷居」も現在の建築からは失われつつあります。少なくともオフィスには、かろうじて敷居があるくらいでしょう。

これは、むやみと壁を傷つけたり、ドアの開閉の際に大きな音を立てたり、何でも物をまたいだりといった、雑な仕草をするなということだと受け止めて良いかと思います。

つまり自分の動作の細かいところまで気を配れということです。

すっきりとした無駄のない立ち居振る舞いは、それだけでその人を魅力的に見せます。気持ちの良い立ち居振る舞いをする人というのは、そこにいるだけで周囲の空気まで爽やかにしてしまうものではないでしょうか。

ところで、第一印象を決定づけるのは当然ながら見た目ですが、どうも服装やヘアスタイルばかりがクローズアップされているようです。たとえ完璧なスタイルであったとしても、表情もさえない、猫背で仕草もだらしない…となると、半減どころではありません。せっかくの完璧なスタイルも「外見ばかりに気を配る中身のないヤツ」となどということになりかねません。

逆もまた然りで、少しくらいさえない髪型・服装であったとしても、表情は爽やか、常にすっきりと背筋を伸ばし、動作は颯爽としていると、好感度は相当上がります。

八

衣服は上等すぎない定番を。大事なのは好感度だ

年齢、立場、相応のものを

武士は見た目にも非常に気を配りました。ともすれば現代人以上です。むしろ、今の私たちは、考えようによってはよほど気にしなくなったといっていいでしょう。

たとえ気を配っていても、その方向性が当時の武人と現代人とでは異なっているのです。

個人の自由が大幅に許されるようになった社会ゆえのことですが、それだけにかえってどういう服装をすれば良いのかわからない、ということもあるようです。

服装で自己主張する必要はない

服装の注意点は、どんな人が見ても汚がられたりするようなことがないようにすることだ。また、あまり身なりの良くない人たちの中でも、ほどほどのところを心懸けるようにせよ。派手だったり高級感のある服装をしたりしてはならない。見る目のある人から見れば、よくわかるものだ。そういう心ある人から物笑いの種となるような装いを決してするでないぞ。衣服は、あまりこだわって選り好みをするな。同僚のなかで差し出るような、派手な物を着てはならない。

もとは二項目に分かれていた教えでしたが、服装についてのことでしたので、ひとつにまとめました。

第一に、大事なのは清潔感。誰が見ても、清々しく感じられるようにというのが基本です。でも、お世辞にも身なりが良いとはいえない人たちと一緒になる場合は、少し着崩すようにする。間違っても一人だけ上等な物を身につけて目立つようなことがあってはならない。同じにする必要はないけれど、ある程度、周囲と合わせろということです。

それは同僚といえども同じで、あからさまに高級感のある服装をしたり、あるいは流行最先端といったようなこだわりを見せたりしてはならない。

こうすることの理由は、「心ある人から物笑いの種になる」というところにあります。「あいつは自分を優位に見せようとしているな」ということであり、それが非常に姑息で浅ましく、決して褒められた人間性ではない、ということを表している、と、考えるからです。目立たぬようにすることに細心の注意を払いながら、他者に不快感を与えないようにすることを最優先せよ。

簡単に言えば、こういうことでしょう。

流行とはあまり関係のない定番を選ぶのが最善策となりますが、その場合、生地がしっかりしていて仕立てが良いものを選ぶことをおすすめします。多少、値段が張るかもしれませんが、定番ゆえに長く着続けることができ、長い目で見れば経済的です。

生地も仕立てもあまり良くないものは、しばらく着ていると型崩れをしてきて、それがなんともいえず侘しくて、清々しさとは程遠くなってしまいます。

また、年齢や立場によって交わる人も自ずから変わってきますから、スーツをはじめとする衣類は5年を目安にいったん見直してみるといいでしょう。

40代、50代ともなれば、要人と同席しても恥ずかしくないようなものを用意しておくほうが無難です。いざとなった時に慌てないようにしたいものです。大慌てで間に合わせを着てくるようでは、それもまた「心ある人から物笑いの種になる」ということになるからです。

九

己の振るまい、家、持ち物すべて身の丈に相応しく

嫉妬を買い、維持費もかかる

見た目についての重時の教えは、衣服に限らずあらゆる持ち物にも及んでいます。

分相応が無難である

扇は、たとえ地位のある人から立派なものを賜っていたとしても、自分では百文の金で3本も買えるくらいのものを持つように。

扇にあたるものとしては、たとえば時計やネクタイピン、万年筆などがあげられるでしょうか。

自分では頑張らないと手が届かないような立派なものをいただけば、自慢したくもなりま

す。たとえ使わずとも、持ち歩きたくなるかも知れません。
しかし、それは使わず持ち歩かず、手頃な値段で買えるものを持つように、としています。「よりどり3つで○万円」といったところでしょうか。

馬は大きさ3寸以内を選んで乗るように。堂々と大きな馬であるのもよくないし、かといって小さすぎてもよくない。ほどよいものを得なくてはならない。

今や馬は乗用車に取って代わられました。馬の大きさを「3寸以内」と具体的に示していますが、そうなると、中の上、ないしは、中のやや下でしょう。
間違っても堂々たる大型高級車など乗り回すな、かといって軽自動車というのもいいとはいえない。手頃な値段のエコカーならば、ほどよいものといえそうです。

筋力があって、これくらい持てると自信があるとしても、あまり大きな太刀や、人目を引くような具足は持たないようにしろ。他人の妬みを買うことになるぞ。

太刀も具足も、我こそはと言いたくなるようなものを持ちたいというのが多くの武士の思うところでした。

が、重時はそれがいかんのだ、と教えています。

今でも持ち物にこだわりたいという男性は少なくありません。それがスマートフォンやタブレットであっても常に最新バージョンを持っていたいとか、鞄は老舗海外ブランドのものに決めているとか。

重時が心配しているのは、そういうことが人の妬みを買う原因になるということです。特に同僚からの嫉妬はやっかいだと考えているのでしょう。

つまらぬことのようですが、不思議とわかる気がします。


ふだんの振る舞いも家も、持ち物なども、すべて分限に従って、相応のものとするように。身分不相応なものは人を煩わせるようなことになったりもするし、そのうえ後々まで維持管理していくことなどできないものだ。


自分の身の丈を知って、立ち居振る舞いからあらゆる持ち物に至るまで、すべてそれに相応しいものとするのが大切だということです。

分に相応しからぬものがなぜ人を煩わせるようなことになるのか。極端な例かも知れませんが、巨額のローンが返済できなくなり親類縁者に甚大な迷惑をかけてしまう、といったことがあります。

オークションなどで国宝級の茶器や掛け軸を手に入れたとしても、その後の維持管理は相当な負担となりかねません。豪奢な別荘にしても同じです。

よくよく考えていくと、重時は人間の私欲がもたらすつまらぬ不幸を心配しているように思えます。

上等な服を着て良い車に乗り、持ち物などにもこだわって、家も車もできることなら大きい方がいい。別に自慢したいわけではなく、単に自分が満足したいだけ。

確かにそうであったとしても、多くの人と関係して生きている以上、自分一人のことで終わらないのが現実です。ゆえに要らぬ嫉妬を買うことにもなる。

大義大望のために私欲を捨てるのは武士の目指すところであり、少なくとも重時はそうあろうと努力していました。

しかし実際は、足の引っ張り合いやら裏切りやら、どろどろした現実から逃れることはできず、むしろその中に飛び込んで切り開いていかねばならなかった。

だからこそ、そういうなかにあって、できるだけ妬みを買うようなことになったり、人を煩わせるようなことにならないための方策を、こうして懇々と述べているのでしょう。

十

知っていることでもしかるべき人に訊け

妙味ある敬意の表し方

上司など目上の立場の人に対して敬意を表すのは大切なことです。心から尊敬していれば言葉や態度の端々に自然と敬意が表れてくるものでしょう。問題は、尊敬できない場合に、どう示すかということです。

下手すると、単におもねっているだけのように受け取られてしまいます。

頼られて悪い気がしないのが人情

たとえわかりきっている事であろうとも、経験を積んだ実績ある人に訊ねてみるとよい。

古い言葉にも、知っている事にさらなる工夫をもって行うことを礼という、とある。

すでに知っていることやわかりきっていることを上司に訊いてみる。そんなことをすれば、「今さら何を言うか」とかえってあきれられるのではないかという心配が頭をもたげます。

実際、「いったい、今まで何をやってきたんだ」と言われてしまうこともあるでしょう。そこをうそでもいいから「思うところがあって」とか「ちょっと確認したくて」などと言っておけば、相手は「おや?・」と思うでしょう。

誰もが当たり前だと受け止めていることが、実は当たり前ではない。当たり前のことだと片付けずに、あえて目を向けてみる。

このような「目」を持つことの難しさを、心ある人はわかるはずです。経験と実績を積んだ人であれば、少なからず、こうした観点をもつことの大切さを認識しているのではないでしょうか。

そうなると、「こいつは目の付け所が違うようだな」ということにもなりましょう。

もしそこで事を行うにあたってどういう工夫をしたか自身の経験などを話してくれたら、熱心に拝聴し、かつ、それを自分自身の行動に取り入れてみるのです。これは非常に喜ばれるはずです。

重時は、「知っている事にさらなる工夫をもって行うことを礼という」と論語《ろんご》の教えを用いています。「礼」とは思いやりがかたちになって表れたもの。知っていることでもあえて訊ね、それを自分自身の工夫に活かすということは、まさしく相手を思いやることになるというわけです。

仮に、そのような考え方を一切しない人であったとしても、人というのは頼られることに対して悪い気のしないものです。むしろ心のどこかで喜びを感じるでしょう。喜ばしいという感情は、部下を思いやろうという気持ちに繋がっていくはずです。

こうした関わり合い方をすることによって、それまでは「とても尊敬できるような上司じゃないな」と思われたのが、ともすれば少しずつ自然な敬意を抱くことになっていくかも知れません。

敬意とは相手を知ることによって生まれ、深く知るほどに深まるものだからです。

こうした上司と部下の関係は、武士道の八徳である仁・義・礼・智・信・忠・孝・悌のうち、信と忠を表します。

この信と忠の徳があればこそ、上下の信頼関係が築かれ、深まっていくのです。

十一

あらたまった手紙は代筆を頼め

手紙には教養と気品が表れる

大半をメールで済ませる時代といえども、身分のある人やお世話になった人へのお礼状など、あらたまった手紙は、やはり手書きがいちばんです。

が、そうなると、字に自信がない、文章を書くのも苦手、それどころか手紙の形式がわからない……といったことが少なくありません。

無礼な手紙を送るより、合理的に考えよ

あらたまった手紙や書状を出すときは、紙・墨・筆などそれなりのものを準備して、達筆な者に代筆させよ。

ただし、筆跡が立派でも、年が若く言葉や文書の心得も十分ないような者であったとしたら、文字も十分に知っておらぬような者に書かせることはよく考えねばならない。

字が汚いなどというのは言語道断だが、まともな文章も書けないようでは相手に対して無礼千万だ。

昔の武士は総じて達筆で、あらたまった書状もさらりと書いてしまいます。が、総じて達筆というハイレベルな中で、やはり上中下と分かれてくるものなのでしょう。

下手な字で手紙を書くより、字の上手いやつに書かせればいいじゃないか。それも、経験も教養もある者…となると熟年世代以上でしょうか…とにかく人に任せてしまえばいい。

これは意外な教えですが、重時は「相手に対して絶対に無礼なことがあってはならない」ということを最も伝えたいようです。

多少下手でも心を込めて、自分で手紙を書くのであれば、何も無礼とはいえないのではないか。そう思いますね。手紙をもらった方も、失礼だな、などとは思わないはずです。

私も、お世辞にも字が上手とは言いがたく、また、文章も心得ているとは思えない手紙であっても、別に無礼と感じたことはありません。

しかしその一方で、字も文面も素晴らしいお手紙をいただいた時の感激は、えも言われぬものがあります。

やはり、ごくあらたまった手紙に関しては、代筆はおおいにあっていいと思います。

ここでもうひとつ注意したいのは、「紙・墨・筆などそれなりのものを準備する」という点です。代筆を頼むからといって人任せにはしないということです。

私はわりと手紙を書く方なのでわかるのですが、どんな紙にしようか、筆かそれとも万年筆で書こうか、など、選ぶ段階から相手のことを考えているわけで、手書きの手紙というのは、こうした「相手を考えた時間と心遣い」までもが、行間に込められて伝わるものだと思っています。

近ごろは印刷した手紙で済ませる場合もありますが、そういう時も紙にはこだわり、そして、最後の著名はしっかり自筆で…というようにしています。

メールでは絶対に伝わりきらない機微を伝えるのが手紙です。

ペーパーレス時代だからこそ、かえって手書きの手紙は心を伝える手段となるように思います。

十二

心中の不足不満を表すな。求めるより与えよ

すべて天の思し召し

日本では、挨拶の仕方や言葉遣いはもちろん、表情にまで家庭の躾が及んでいる。

このようなことを驚きをもって記録したのは、幕末に日本を訪れたデンマークの海軍士官スエンソンでした。

もともと不満や怒り、悲しみを表情に出してはならないというのは武家の躾でした。それが江戸末期には一般家庭、それも、最下級の家庭にまで浸透していたことが、この記録からはわかります。

このような日本人のあり方は一朝一夕でつくりあげられたわけではありませんでした。この重時のこの教えからも、それが読み取れます。

顔で笑って心で泣いて

物心ともに満たされず不満に思うことがあっても、そうした心のうちを人に見せてはならない。そういうことは後々までよからぬ影響を及ぼすものだ。むしろ人に与えることができるようであれば、それにふさわしいものを天は与えてくださる。だからといって、やり過ぎにあたいするような振る舞いをするでないぞ。良い加減を見極めよ。

個人の自由が最優先される現代では、不満や怒り、悲しみを表情に出すことが、悪いことだとはいわれなくなりました。

でも、私たち日本人は、心のどこかでそうしたあり方に違和感を抱いているのではないでしょうか。

それがはっきりわかるのが災害時です。近年はとてつもない大災害が各地で起きていますが、居合わせた人々は互いに助け合おうと努め、そのためにもできるだけ笑顔を忘れずにいようとする姿勢が見られます。

しかしその一方で、あくまで個人的なことであるにもかかわらず、社会に責任があるかのごとく怒りをあらわにする人がいるのも事実です。個人的なことになると、被害者であるという意識が頭をもたげてくるからかもしれません。「なぜ私だけがこんな目に遭わなければならないのか」という、「私心」が勝っているともいえます。

この世を生きていく上では思いも寄らぬ事が起きるものですし、思うに任せぬ事がたくさんあります。

何かある度に不満顔をしたところで、事態は好転しません。むしろさらに悪い方へと向かうかも知れません。

なぜなら、不満顔というのは誰にとっても不快だからです。人を不快にするようなことは、どんな些細なことであっても巡り巡って自分に返ってきます。

重時が「後々までよからぬ影響を及ぼすものだ」と述べていることを深く心に留め置きたいものです。

不満の種となるのは物心ともに満たされないことだとしていますが、これは人と比べることによって起きやすくなります。そもそも自分が与えられたものだけを見ていれば、不足かどうかということは意識の範疇ではありません。ただそれがあるだけ、というだけのことです。足るを知る、ということです。

しかし人と比べる、つまり、比較対象をつくることによって、不足しているとか、あるいは自分のほうが勝っているとか、そういう認識が生まれてしまいます。

しかも、このようなあり方は、際限のない欲をも生んでしまいかねません。不足を感じて不満に思うばかりか、すでに十分であるにもかかわらず、より以上を求めるようになるのです。

これが重時が度々言う「分を過ぎたる事」につながります。そうなると「常に満たされない心を抱えた不満顔の人」になってしまうのです。

たとえ不愉快なことがあり、不満があったとしても、表向きはどこ吹く風で、できる限り明るい表情を心懸ける。

不足を感じる心があるならば、欲するよりもむしろ人に与える。

それは必ずしも物ということではなく、相手の心が満たされるような配慮をする、つまり、誰に対しても思いやりをもって明るく接する、といったことでもいいのです。むしろそのほうがいいでしょう。

すると、思いがけない喜びがもたらされることがあるものです。

人に与えることができれば天がそれにふさわしいものを与えてくれる…というのは、そうした「かたちのない」喜びでもあるのではないでしょうか。そうした物ではない、目に見えない喜びに、もっと心を向けていきたいものです。

やり過ぎないように注意せよ、というのは、それはまた、かえって傲慢な態度だからです。

やり過ぎるのは、心のどこかに見返りを求める気持ちがあるからでしょう。見返りを求めるという時点で、もはや「傲慢な態度」となるのです。

章

仕事の八割は処世術
――佳き人間関係を結ぶ「克己復礼」

能力があっても徳がなければ役に立たない。
上司だろうと部下だろうと
人を敬う心なしに信頼関係は成り立たない。
理性的であれ。
しかし最後は情だ。

十三

偏見を捨て、教訓を聞き入れよ

心は常に水のようであれ

33歳で六波羅探題《ろくはらたんだい》に赴任、上洛した重時は、以来、長期にわたり都の治安維持に力を尽くしています。

それは朝廷と幕府の間に立ちながら政務をも行う、極めて重要な任務でもありました。

公武の狭間で働くということは、よほどの神経を使うことでしたでしょう。全体を俯瞰しつつ、同時に極めて細かいところまで目を光らせ配慮し、慎重に行動していく必要があります。

こちらを立てれば向こうが立たない…となるのが普通と言っていい状況であるばかりか、六波羅探題そのものが、まだまださほど実力をもっていませんでした。

しかも当時の都は「承久《じょうきゅう》の乱」で在郷御家人の多くが滅んでしまったため、極めて治安が悪い状態です。

しかし壮年を迎えた重時は、ここで実力を発揮し始めるのです。

重時の六波羅探題就任以降、都の治安は目に見えて改善され、政務も滞りなく行われるようになっていきました。

重時が朝廷から信頼され、在京人からも敬意をもって認められたことが大きかったといえます。

しかしそうなると、幕府執権の泰時《やすとき》が疑念を起こしそうなものです。当時は兄弟間の権力争いなど日常茶飯事、いつどこで出し抜こうかと虎視眈々と権力の座を狙っている、そんな時代です。

ところが重時は泰時からも篤く信頼されているのです。泰時は鎌倉にいながら、むしろ都には弟・重時がいるから大丈夫だと、すっかり安心していたようです。

長期にわたる六波羅探題での経験は、どうやら重時という人物を練り上げたようです。相次ぐ多難困難を、恐るべき忍耐力で乗り切ったことで、重時は自信を得て、周囲の信頼を勝ち得たのです。

長い京都時代を経て50歳で鎌倉に戻った重時は、若き執権・北条時頼《ときより》を強力にバックアップします。というよりも、当時21歳でしかなかった甥っ子の時頼が執権として能力も実力もつけるまでの約9年間、事実上、政務を行った「影の実権者」だったのです。

現在でいえば、30代で要職に就き（しかしその内実は極めて未熟）、ぎりぎりまで神経を使いながら東奔西走、その際の実績が認められてナンバー2（しかし事実上はトップ）に引き立てられた、ということになるかと思います。

重時の仕事における処世術には、大いに学ぶところがあるでしょう。

ここでは、重時の経験に基づいた教えを列挙しました。

まずは「人の話はよく聴け」です。

我を去れば視野は広がる

できるだけ偏見やとらわれのない柔和な心となって、人の教訓には耳を傾けるようにせよ。教訓とするほどの事柄となれば、悪い内容であるわけがない。十人の教訓に従えば十の良い事を、百人の教訓に従うなら百の良い事をしたことになる。孔子ほどの聖人であっても、たくさんの弟子を持ち、意見を交わしていたほどだ。

人の教訓に従うというのは、異なる考えを取り入れることになるから我が強ければ反発心も湧く。ゆえに心は水のようにしておかねばならない。古い言葉にも「水は器物に従う」とあり、聖人の教えとして詳しく説かれてきた。

返す返すも人の教訓には従うように努力せよ。

いくら経験に基づいた教訓といえども、自分と異なる考え方である場合、素直に聞き入れることは難しいものです。たとえ頭でわかっていても、熟考した上での結論であれば、なおのことでしょう。

しかし、それをできるだけ素直に、偏見やとらわれのない心で聴かなければならない。それも、十人、百人の教訓に従えというのです。これは具体的にそうするかどうかというよりも、それくらいの気持ちでなければならないと教えているのでしょう。

しかし、実際このようなことができるのは、よほど人間性が磨かれている人でないと無理かもしれません。人というのは人間的な成長が成されるほどに謙虚になっていきます。

大事なのは、ここです。

人間、謙虚でなければならない。

そうでなければ自分と異なる考えを取り入れることができないし、そうなると、自然と視野が狭くなっていってしまう。

つまり自分の考えに囚われてしまい、それを信念だとか個性だとかと勘違いして行動することによって、いつの間にか井の中の蛙となってしまうというわけです。

ゆえに、うそでもいいから素直に柔軟に人の教訓を聞き入れる。

最初は無理があるかもしれませんが、続けているうちにだんだんと謙虚さが身についてくるものかもしれません。

謙虚になれば、ますます人の話は聴き入れやすくなってくるものです。するといつの間にか視野が広がり、さまざまな発想をすることもできてくるのでしょう。

つまらぬ我をできるだけ捨て去り、水のように透明で素直な心でいることは、自分自身の内的世界を豊かに広げることになるのです。

十四

同輩の不遇は自分のこと以上に受け止めよ

惻隠の情こそ同僚の絆

同僚、同輩、同期というのは自然と仲間意識を抱く関係といえるでしょう。しかし、それだけに、うっかりすると配慮が足りなくなってしまうことがあるのかもしれません。

ましてあまり気に入らない同僚であれば、不遇を心密かに喜んでしまうことさえあるでしょう。

同輩を大切にできない者は所詮それだけの奴

同輩などが主人から見離されるような憂き目に遭ったら、自分のこと以上に嘆くようにせよ。

その人について好ましくないことを主人が仰せになったなら、むしろ良い事として申し述べておけ。当座は主人の心に寄り添わないことになってしまうが、後々にはなかなか感心な者だと思ってくださるに違いない。

重時は冷静沈着であると同時に、たいへん情の濃やかな人物でした。この教えは重時らしさが滲み出ています。

同僚が上司から誤解されたり、勘違いされたりして、まったく不適当としかいいようのない扱いを受けている。

そんな場合は、自分のこと以上に嘆き、同僚に寄り添えというのです。さらには、上司がそのことについて触れた場合は、その意見に迎合してはならない。

「そんなに悪いことをしたというわけではないと思う」

「彼はそういうつもりではなかった」

「かえって彼がそうした行動を取ったことにより、良い結果も出ている」

どんな事柄であっても100パーセント悪いということはないものです。ひとつでも良い点があれば、率直に話してみるのもいいでしょう。

特筆すべきは、その時は主人の心に寄り添わない…つまり、上司の考えや感情に寄り添わず、ともすれば反感を買うようなことになったとしても仕方がない、としているところです。

そこまでしても同僚のほうに寄り添えと述べているのです。同僚が間違っていないのなら、あくまでも寄り添っていけ、ということです。

誤解や勘違いというのは、たいてい時間が解決するものです。後になってわかる、ということはいくらでもあります。

その段になれば、あくまで同僚を信じて寄り添った態度が、高く評価されるというわけです。

ということは、上司に調子を合わせていた場合、後になって「あいつは調子のいいやつだ」ということになり、「同僚を大事にできないやつなど信頼できない」ということにもなりかねません。

その場その場を適当にやり過ごすととんでもないことになるぞ。

重時が言いたいのは、「目先のことだけに振り回されるな」ということなのです。

十五

人の後ろめたさに付け込むようなことを言うな

長所を見よ

ふだんの何気ない話題として、人の噂話というのはつきものです。そして、私たちはまったく無意識のうちに自分のことを棚に上げるようなことを言ってしまいがちです。

無意識なわけですから、悪気があるわけではありません。しかし、悪気がなかったら良いのかといえば、やはりそうとはいえないでしょう。

噂話は大概にせよ

人が後ろめたく思っているようなことを、返す返すも言ってはならない。良い所を好んで見るようにして、他人のことをとやかく言うな。

自分のことについて、良い話ではなく、まず悪く言われているという話が入ってくるようであれば、誰だって心許なく不安になるものだ。逆に良く言われているようだと知れば誰だって喜ぶものだろう。

しかし、たとえ「良く言われているようだ」などということがなかったとしても、何ら苦痛はないのである。

「あいつは○○らしい」などと、ちょっとした笑い話のつもりでも、それが良い話ではない、たいていの人が後ろめたく感じるような内容であるのなら、決して言ってはならない、ということです。

「返す返すも」というくらいですから、重時としては、かなり強い調子です。

自分がどのように言われているのか、ふとしたことで耳に入ることがあります。

その時に、どうやら悪く言われているようだ、馬鹿にされているようだとわかれば、誰だって気分が良いはずはありません。

自分のいないところでそういうことを言っている人がいるという思いは不信感に繋がります。人間関係というのは、こうした些細なところからほころびてくるものではないでしょうか。

良いことを言われているようだな、と思えば誰でも嬉しいものです。しかし、別にそれはなくたっていいこと。

とにかく、気軽な噂話であろうとも、人の弱点や欠点と受け取られがちなところをあげつらってとやかく言ってはならないというわけです。

常に人の良い点を見て、話題にもする人というのは、話題の対象となった本人はもとより、周囲の誰からも「あの人は人のことを悪く言わない人だ」と認識され、信頼もされていくことでしょう。

十六

怒りを以て部下の処遇を決めてはならない

怒りは後悔のもと

感情的になるとろくなことがないのは誰もが実感するところでしょう。特に怒りにまかせて良いことはありません。それが部下の処遇に関係するとなれば、なおのことです。

怒りに任せる奴は、自分に負けているのだ

腹が立っている時に部下を追い出すような処遇を決めてはならぬ。怒りが去った後に、部下のこれまでと現在の仕事ぶりや言動をよく思い出してみるのだ。過去から今に至って決して褒められたものではないと判断するのなら、処罰しなければならないこともあるだろう。ただ怒りにまかせて処罰してしまうと、後悔することにもなるぞ。

怒りへの対処は、古くから多くの聖人賢者が言葉を尽くして教えてきました。

その生涯の9割を「忍従の徳」でもって乗り越え、江戸時代という約260年の平和な時代の礎を築いた徳川家康の『東照公遺訓《とうしょうこういくん》』には「怒りは敵と思え」という言葉があります。(※『東照公遺訓』は徳川家康が直接記したのではなく、明治初期にその生き方にならって遺訓として創作されたといわれている。諸説有り)

また、大東亜戦争を終戦に導いた鈴木貫太郎首相は、その父から、「怒るのは自分の根性が足りないからだ、怒ってすることは成功しないどころかすべて自分の損になる」ということを教えられ、それを一生涯の指針としたといいます。

多くの聖人賢者の教えに見られるばかりか、偉業をなし得た人々の大半が怒りについて語っていることからも、怒りを制することが人生にとってどれほど重要なことであるかがわかります。

重時が、特に部下の処遇について触れているのは、相手の立場が下であると、知らず知らずのうちに傲慢な態度を取ってしまうからかもしれません。

処罰してはならない、ではなく、怒りをもって処罰してはならないというところが重要です。

怒りにまかせて決定的なことをしてしまうと後悔することになる、というのは、つまるところ、「成功しない」「すべて自分の損になる」ということなのでしょう。

十七

部下が敬う以上に部下を敬え

身を低くする者が高みに立つ

部下を尊敬していますか。

こう問われて戸惑う人は少なくないかもしれません。

「尊敬される上司になるにはどうすれば良いか」ということは、リーダー論などで語られているところですが、そのなかに、部下を尊敬せよというものは、あまり見られないようです。

それだけに、重時の、部下が自分を敬う以上に、部下のことを尊敬しろ、という教えは、かなり意外なものでしょう。

それどころか、敬意を払わない者に対しては、むしろより一層敬えというのです。

恩をもって仇に報いよ

自分を敬ってくれる人がいれば、それ以上にその人のことを敬うようにせよ。また、自分に敬意を払わない人だからといって、その人に敬意を払わないのは悪しきことだ。そのような人に対しては、むしろ恩をもって仇に報いるのが道理だと心得て、より一層敬うべきである。

上司として、いかに部下を使い、部下を育てていくか。

これは少なからぬ人が悩むところであるかと思います。心ある人であればあるほど、どうすれば一人一人の部下がそれぞれの能力を発揮することができ、仕事にやりがいや喜びを感じてもらえるかということを常に慮っていることでしょう。

重時の「部下から尊敬される以上に部下を尊敬せよ」という教えは、重要なカギとなるのではないでしょうか。自分は信頼されていると感じるのは誰でも嬉しいものですが、敬意を払われているらしいと思えば、若手はどれほど奮起するか知れません。

どうも相性が悪いという部下に対して、「恩をもって仇に報いるのが道理」などと心得て、目を掛けている部下にも増して尊敬するなどというのは至難の業かもしれませんが、やがて心は通じていくものと考えます。

上司のことを尊敬するどころか嫌っている。そんなことは部下本人が誰よりもわかっています。そういう自分に敬意をもって接してくれる。普通なら、申し訳ないと詫びるような気持ちになるものでしょう。

上司としてそこまで身を低くすることができる人が、さらなる高みに立つことのできる人なのかもしれません。

十八

羽目を外す時も精神はしっかり保て

鵜《う》の真似をする鳥は溺れ死ぬ

重時は「見る人は見ている」「心ある人が見ればわかる」ということをいつ何時といえども断じて忘れぬよう心懸けていたようです。

武将というのは獣にも似て、たとえ眠っている間でも、わずかに緊張感を保っていたといわれます。警護をかいくぐって寝込みを襲われた場合に、いち早く対応するためです。

寝ている時に酒の席。これは、実は最も危険といえる場面です。ゆえに酒の席でのことにも重時は言及するのです。

落とし穴はどこにでもある

羽目を外して遊ぶような時、ふだんはおとなしい人が勇んで自慢げな様子をしているからといって、一緒になって同じように振る舞うようではいけない。鵜の真似をするカラスのようなことになりかねないぞ。

どんなに乱れ遊ぶような状況で、どれほど酒に酔っていたとしても、自分よりもおとなしい人がいるところでは、常にどこかに冷静さを保て。

どんなに騒がしく振る舞っていても、踏み外すようなことがないように気をつけろ。


いやいや今は戦国時代じゃないよ。

酒を飲むときくらいは羽目を外したっていいだろう。むしろそのほうがみんなと打ち解けることができる。

多くの人がそう思われるでしょう。しかし、繰り返しになりますが、「見る人が見れば分かる」という点です。

自分が見たことを人は忘れることはありません。仕事を離れた場であったとしても…むしろ、そういう場では本性や素性が表に出ますから、あえて「見ている人」もいるのです。

その目安として、重時は「自分よりもおとなしい人」と述べています。いますよね、酒席でにこにこしながら、でも、決して一緒になって羽目を外そうとはしない人。

それが上司であるか同僚であるかは、どちらでもいい話です（たとえ同僚でも、いずれは上司になるかも知れません）。

誰もが乱れ遊ぶなかで、楽しみながらも一線を画すことのできる人は、誰から見ても理性的な人であり、それが結果的には「あいつは信頼できる男だ」ということにもなるのでしょう。

快くつきあいながらも、最終的に乱れることのない人は、品性をも保つこともできるのです。

十九

訪問先では挙動を慎め

壁に耳あり障子に目あり

今日の仲間が明日の敵ともなり得る時代に職務をまっとうし、実力者としての地位を揺るぎないものにした重時。

その立場から他家を訪問することは多々ありました。その中には不協和音を立てるような相手も当然ながらあるでしょう。

また、親しい仲であったとしても、敵方の者がどこかに忍び込んでいる場合もなきにしもあらず。

現在でいえば、営業職が関係企業やライバル企業を訪問するのに似ています。

油断大敵、用心に越したことはない

どこかへ訪問した時は、そこにいる人が常に目を光らせているものだと心得よ。だからといって、どこから見張られているのだろうか、などという心持ちで、落ち着きなく怪しげにあたりを眺めまわしたりしてはならない。聞くこと、見ること、しゃべること、いずれも用心して、油断があってはならんぞ。

ライバル企業を訪問する際に細心の注意を払う必要があることなど誰でもわかることです。重時の慎重な性格からすると、この教えはとりわけ慣れ親しんだ訪問先であるほど気をつけたほうがいいぞ、ということだろうと考えられます。

慣れ親しんだ訪問先では、どうしても気が緩みます。

こちらのことは十分理解してくれているようだし、向こうの出方もよくわかっている。楽勝だ。

これを油断と言わずして、何と申せましょうか。

しかし、油断してはならないと思うと、何とはなしに所作が落ち着かなくなってしまうことがあります。油断してはならない、と、自分に言い聞かせたら、一呼吸置いて、堂々と背筋を伸ばして深呼吸でもするとよいでしょう。

もっと言えば、こういうことをさほど緊張せずに行うためには、ふだんから言葉を慎むことです。そうすれば少しは楽にできるはずです。慣れほど強いものはありません。

武家に生まれた男子は、幼い頃から「軽率な言動をすべきではない」と教えられて育ちます。

それは軽い気持ちで言ったことが、お家の大事に発展しかねないからです。口は災いの元というわけです。

今でも軽はずみな言動で足を取られることが多々あることを思えば、古い教えと片付けることはできません。

二十

自分の所用より人の用事を優先せよ

使うより使われろ

重時が幕府の要職に就いたのは22歳。小侍所別当《こさむらいどころべっとう》というもので、御家人の宿直や将軍のお供をする供奉《ぐぶ》を選定・管理するのが主な仕事です。今でいえば人事部に近いかもしれませんが、将軍及び御所の警護がかかっているので、その責任の重さは察することができるかと思います。

しかも、重時は次兄の朝時《ともとき》を差し置くかたちで抜擢されています。その理由は三章でも少し触れますが、「女事」、つまり、女性問題です。兄の朝時は無視できない女性問題を引き起こし、父・義時《よしとき》から義絶《ぎぜつ》されていた過去があるのです。

ともあれ、若くして管理職の立場になったわけですが、穏健で生真面目で慎重な性格ゆえに、相当な気を遣ったものと思われます。

尽くす者が得る者

自分の所用よりも人の用事を聞き届けよ。

また、たいしたことではない事なのに、人に用事として言いつけるのはよくない。特に忙しそうに見えない人に対しても、人それぞれ事情があるということをよく考え、遠慮する気持ちを忘れてはならない。

ただし、このような気遣いをあからさまにすると、人というのは用事を頼まなくなってしまう。それはまたよからぬ事だから、気遣いがことさらになっていないか、よくよく配慮せよ。

そのためにも、人から頼まれた重要な用事はよく聞き届け、自分は小さな用事を人に頼むようにするとよい。

所用がある時に人から用事を頼まれるのは誰でも嫌なものです。「今、ちょっとこれをやっているので…」と口を突いて出ても不思議ではありません。また、そう答えることについて、こちらも用事があるのだから仕方ないと思って終わりでしょう。

それを、人の用事を優先せよというのが重時流です。しかも、自分は人に対して用事を頼むのは遠慮する。

ただ、そうすると気を遣っていることに気づかれてしまうから、適度に小さな用事を頼むと良い…というわけです。

何もそこまでと言いたくもなりますが、重時は尽くすことによって得るものがいかに多いかということをも教えようとしているのだと考えられます。

「人の使い方」を熟知する人とは、「率先して人から使われた人」であるのかもしれません。

二十一

頼まれごとは喜んで即実行せよ

平時こそ「いざ鎌倉」の心意気

さらに「頼まれごと」についての教えです。これは頼む相手が上司など上の立場である人の場合です。

> **頼りにされていると思えばありがたい**

上の立場の人から所用を仰せつかった時は、自分を頼りにしてくれたのだと嬉しく思って、すぐさま取りかかれ。

昨今は上司から急に頼み事をされた場合、いかにして印象を悪くしないようにして断るか……ということが話題となるようです。

断ることが前提になっているとまでいわずとも、できることとできないことがある、できない場合は中途半端に受けないで断った方がいい、ということなのでしょう。

実際問題として、確かに手いっぱいな状況のなかで所用を頼まれても対応できないことが多々あります。

その場合は、「わかりました」と受け入れてから、「それはいつまでに果たせば良いか」ということを確認し、さらに自分の現状を説明した上で、いつまでなら可能だということを述べ、それでも大丈夫か、と確認するといったような交渉をするのも必要なことでしょう。

あまりにも忙しすぎると、こうした説明や交渉をすることさえも面倒になり、まあいいや、と、請け負ってしまうこともあるものです。これはトラブルを招く原因になりかねません。

このように説明と交渉をすることは、「自分を頼りにしてくれたのだと嬉しく思って」ということから、外れないのです。

自分を頼りにしてくれて嬉しい、という気持ちがある。けれど、現実問題として、場合によっては承るのが難しい。だから、交渉し、確認するのです。

そうでない場合は、自分の所用はさておき上司からの頼み事を最優先します。

これは「いざ鎌倉」の精神につながります。有事があればすぐさま馳せ参じることを意味しており、元となっているのは謡曲『鉢木《はちのき》』です。それにはいつ事が起きても対応できる「常在戦場」の精神も必要となってきます。

となれば、上司がいつ何時、頼み事をしてきても即座に対応できるようスタンバイしている…というのが上腕者となりそうです。

こうして考えていくと、「すぐさま取りかかれ」というのは、常に受け入れ態勢を整えておけ、ということになるのです。

二十二

用事を頼む際はやむを得ない場合のみとせよ

気遣い、心配りが大切だ

用事について、さらなる念押し。ここまでくると、よほど神経を使うことらしいということがよくわかります。

変更など言語道断、大事なのは心だ

用事は互いに頼み合うようにするがよい。

人に用事を頼む際は、早急な事でやむを得ないことだけを頼むようにせよ。その際、最初に言っていたことを、後で変えてしまうようなことがあってはならない。例えば商人が商売をする際のような決心を持つことだが、人によってはそうした思いが伝わるかどうかだ。ちゃんと相手の心を読むようにせよ。

また、人から何かいただいたり、大切な役目などを仰せつかるようなことがあったなら、

仰せに従うにしても、どういう心づもりで自分に頼んでくれたのか、よくその心の内を慮るように、しかもその事に従って、気を遣い心も遣うようにせよ。

今度は心、気持ちの問題です。

先にあったように人の用事を優先し、頼む場合は、できるだけ簡単なこと、あるいはやむを得ないことが基本です。ここではさらに、言ったことを後で変えるようなことがあってはならないとしています。実際問題として、途中で変更になるのは誰にとっても戸惑うものです。用事を頼む時点で、相手を十分に煩わせているというのに、さらにそのうえで負担を掛けるなど人としてあるまじき事だ、ということです。

相手の立場になって考えてみろ。

重時が言いたいのはこれでしょう。相手の立場に立って考えるということは「礼」の基本です。こちらの思いを伝えるにも、相手の身になって考えれば、たとえ頼み事ひとつにしても、どのように伝えるとよりスムーズかということがわかります。

また、頼まれた場合でも、相手はどういう気持ちで自分に頼んだのか、相手の身になって考えてみる。

頼み事をするというのは、往々にして「申し訳ないな」という気落ちがどこかにあるものです。もちろん仕事なら「ここはあえて部下に懸けてみよう」ということもありましょう。

良い結果が得られなかった場合は上司が責任を取ることになるので、期待と不安がないまぜになっているはずです。

そういう心中をどれだけ慮ることができるか。

それによって奮起の度合いも変わってくるものです。

二十三

出張には辛抱強い部下を連れていけ

重い荷物を持たせるな

重時は若い頃から仏教（浄土宗）に帰依し、60歳を目前に出家します。かなり大雑把な説明となりますが、仏道を尊ぶ者は観音様にならって自らも慈悲深くなることを目指します。

重時は早くに母を亡くすなど恵まれない幼少期を過ごしたせいか、非常に優しく情に脆いところがあるようです。仏教の教えはそうした重時の性格を、さらに深めることになったのかも知れません。重時の弱者に対する視線は限りなく慈悲深いのです。

要職に就くとなれば従者を連れるのが当たり前となりますが、その従者に対しても、さりげなく濃やかな配慮をしています。

適役を選ばぬのは自分の責任

旅に出た際に、供の者などに、あまりに重い荷を持たせてはならない。ただでさえ付き従うのは辛苦があるというのに、それがために病気になってしまうこともある。そういう場合は、引き連れて荷物を持たせても、たいして苦にせず、辛抱強い者だけを連れていくようにするがよい。

旅、つまり、現在でいうところの出張です。部下を伴っての出張となると、何かと気を遣うことも多いものでしょう。

しかしそれが当然となると、やがて配慮の気持ちも薄れて行きかねません。付き従うだけでも辛苦なもの。

この言葉は、連れて歩く側としての負担ばかりに、つい心が向いてしまいがちなものだ、ということを教えているのでしょう。

それで病気になってしまう、などとありますが、ストレスを抱えることと受け止めて良いかと思います。ただし、今やストレスが多くの疾病の原因であることが明らかになりましたから、軟弱な奴だ、少しくらい我慢しろ、というような精神論だけで突っぱねることにも限界があります。

実は、この教えの原文には、馬にさえもあまり重い荷を運ばせるな、とまであるのです。従者どころか馬にまで気を遣う重時、いったいどこまで濃やかなのか知れません。

こんなに気を遣っていると、実際は「こちらまで疲れてしまう」ということになるでしょう。できれば「病気になってしまうかも」などという心配をしないで済むような従者を選びたいものです。

なるほど辛抱強い者、そして体力のある者を連れていくのに越したことはありません。

それにしても、ここまでさりげなく気を遣ってくれる上司というのは、やはり部下としては嬉しいものです。自分のような下の人間にも、自身のこと以上に気を遣ってくれていると感じれば、多少重たい荷物も苦にならないことでしょう。

二十四

気に入らぬ者にも気持ちよく応対せよ

すべて我が身に返ってくる

誰だって気の合わない人、気に入らない人がいます。

好きな人とだけつきあえば、別に構わないじゃないか。

これが仕事では通用しないのがつらいところです。なんとしても不協和音しか出てこないような人とやっていかねばならないことはいくらでもあります。

要は自分がどうあるべきかだ

自分にとって都合の良い人には機嫌良く振る舞い、気に入らない人に対して不機嫌な態度に出るのは、実に残念極まりないことだ。

犬などが、可愛がってくれる人にはしっぽを振り、いじめる人には吠えて逃げるのと大差ない。人間は犬とは違うのだから、好ましい人に対しては言うに及ばず、たとえ嫌悪したくなるような人に対しても気持ちよく接するように努力すれば、やがて相手は心をあらためるようになっていくものだ。

もしあまり変化がなく相変わらず不快な人であったとしても、自分が不快な相手に対しても敬意をもって接している様子は、神仏は憐れみ深く見ていてくださるものだし、また、ちゃんと見ている人もいて、心の中では評価しているだろう。

相手がどんな人であろうとも、人に悪くあたることは、よからぬ因果をもたらすものだ。

内心はともかく、大人になれば嫌いな人にも気持ちよく接していこうという努力はできます。

もっとも、最近は感情をあからさまにするようなことも少なくないようです。それでは重時のいう「犬同然」なわけで、残念なことです。

しかし理性的に振る舞っても相手が不遜な態度でいると、いい加減にしろという気分にもなります。「神仏は見ている」などと言われたところで何の慰めにもなりません。

けれどどこが思案のしどころで、もし少しでも人間的に成長したいと思うのなら、「ムカつく相手に悪くあたる自分は格好いいか。そういう自分を好きか」と問いかけてみるのです。

その答えが、「かっこ悪い、好きじゃない」と思えばやめるだけです。そして、また淡々と努力します。忍の徳ほど人間を成長させるものはありません。

かっこ悪いな、好きじゃないなと思うのは、自分を恥じていることだといっていいでしょう。

これが武士道の「廉恥」ということです。

つまり廉恥（恥を知れ）とは、他人からどう見られるかではなく、自分で自分を恥ずかしく思わないかどうか問え、ということです。

人がどうであれ、自分がどうあるかが問題なのです。

二十五

ひとつでも良いところがあればよしとせよ

不平は道を誤るもと

好きな人が多いと人生は楽しみが多くなります。もちろん、つまらぬ思いをすることも減るわけで、嫌いな人は少ないほど良いといえます。人を好きになれない理由はさまざまだと思いますが、往々にしてその人の短所や欠点に目がいっているのが原因といえるでしょう。

自分の物差しがすべてと思うな

人というのは、ことごとく長所ばかりの者などいないのだから、たとえひとつでも良いところがあれば、それで良しと思うようにして、あまり人を選り好みしてはならない。自分の心にしたって、善人のような心持ちのこともあれば、悪人のような心のありようになってしまうこともあるではないか。それを思えば、人の心が自分の望み通りになるわけないだろう。

親類、子ども、若年の部下など、誰に対しても、あまりくどくど小言を言うものではない。そんなことをしていると、恨みを抱いて出て行って他で悪事をしかねない。そうなれば、道を誤ったのはむしろ自分であることを思え。

長所短所といっても、当てにならないことが多いものです。見方を変えれば長所は短所に、短所は長所にもなるからです。

それが自分の心ひとつ取ってみてもわかるではないか、と重時は教えています。確かに自分の心でさえも、一貫して善なるものとすることさえ私たちはできません。

そういうコロコロ変わる心で人をはかるものではない。

そういうことを重時は言いたいのでしょう。だから、「ひとつでも良い所があればそれでもう良しとすべき」なのです。

あとは自分の心次第というわけですが、ここは工夫が必要です。

「この人のここがいやだ」と思った時に、できるだけ角度を変えて見る工夫をすることでしょうか。たとえば過干渉、お節介だと思えることも、少し角度を変えれば「人情味のある人」ということにもなります。

こうした工夫を怠ると、どうしても人に対して文句や小言が多くなってきます。相手のことを思っての小言なら伝わることもありますが、自分の好みにそぐわないだけなら反感を買います。

反感が恨みにまで発展し、足をとられるようなことにもなる。

それは恨みを持った相手が悪いのではなく、自分の物差しだけで物事をはかる自分に責任があるわけです。

やはり物事というのは、あくまで自分次第でいかようにもなるということがわかってきます。

二十六

酒の席では若輩の部下にこそ心を砕け

大切なのは情である

入社したばかりの若手社員にとって会社の飲み会は決して楽しみとはいえません。仕方ないから行くという人が大半ではないでしょうか。

酒の席での先輩との接し方も、まだよくわからない。

敬語もまともに使えないのに、遥か上司にうっかり話しかけられたらどうしよう。

そうしたことのことごとくが面倒だというわけです。

けれど自分も通ってきた道だと思えば、不安げな若手を気遣うことも可能でしょう。

品性なき者に情けをかけよ

酒の席では、はるか下座の者にまで、常に目をかけ言葉をかけるようにせよ。同じ酒でも、情をかけて飲ますならば、誰でもいっそう嬉しく思うものだ。
特に品性のかけらもないような者には、情けをかけてやるものだ。そうすれば相手は限りない嬉しさを感じて、仕事を大切にするだろう。

遥かな下座の者ということは、通常なら直接、話すことのないほどの若手となります。そうした者にこそ言葉をかけるようにとしています。酒の席とは、むしろそのためにあるといわんばかりです。

そのうえ重時は、常に自分の意に添わない者への対応を最優先しています。

品性のかけらもない、ということですから、上司や先輩に対する敬意もなく、仕事もやる気があるのかないのか、お世辞にも熱心とはいうことができない。わがままで同僚ともうまくやっていこうという意識がまるで感じられない。周りからすれば、「なんでこんな奴入ってきたんだろう」と言いたくなるような者です。

そう思われていることは、恐らく本人もわかっています。

そこに情けをかけよ、ということでしょう。

たった一人でも自分に理解を示してくれる人がいる。

「わかってくれる人がいた」というのは、誰にとっても嬉しいものです。まして孤立しがちな人は（孤立するだけの理由が明らかにその人にある場合でも）、どれだけの喜びを感じるか知れません。

さらにはそれが遥かな上司であるとなれば、その喜びも計り知れないものとなるでしょう。

「俺ってもしかして見込みある？」などと少しでも思えたら、自分を改善していこうという気持ちにもなるかもしれません。

「自分は嫌われている」という思いは、いわば乾いた大地のようなもの。そこに慈雨を降らせろ、というわけです。

人は「使えるか、使えないか」ではなく、「どんな者でも必ず使いようがある」というのが重時の姿勢でしょう。

使えるように導くことも、上に立つ者の責任というわけです。

二十七

冗談でも人の落ち度を言うな

言われる方の身になってみろ

冗談が過ぎるということがしばしばあります。失敗談などは格好の笑い話にもなりますが、それは当の本人があえて笑い話にした場合に許されるものと思っていいでしょう。けれど、気心知れた仲間だからという甘えからなのか、相手の失敗をあからさまに指摘する場合があります。

人情というものの威力を知らねばならぬ

たとえ冗談でも、人を悪く言うようなことがあってはならない。自分では単なる冗談のつもりでも、相手は恥辱を感じるあまり、かえって過ちを犯してしまうようなことにもなりかねない。

冗談を言う場合でも、人の喜ぶことを言うように。万事にわたって人情深くあらねばならない。

重時は真面目すぎるばかりか、神経質すぎるのかもしれないとも考えられますが、どうも「9割の人が気を抜きそうなところにこそ細心の注意を払うように」、という一貫した姿勢が読み取れます。

寄り集まって冗談を言い合っているような時は、まず間違いなくリラックスした状態でしょう。

そういう時でも、どこかで冷静さを保て。

そうすれば、後悔することになるような度の過ぎた冗談を言うこともないだろう、というわけです。

確かに、たとえ冗談だと分かっていても、失態や失敗、落ち度を話の種にされるのは、決して気持ちの良いものではありません。

心の奥底では、「いやだなぁ」と思っているものです。でも、冗談なのだから、そういう感情を抱いてしまう自分のほうがむしろ悪いのだと、勝手に整理しているだけのことなのです。

それが整理できないほどのことになってしまえば、なるほど恥ずかしさから、自分を冗談の種にした張本人を恨む気持ちにもなりましょう。

心というのは、実に微妙なものです。ちょっとしたことで揺れ動き、均衡を失ってしまいます。

そうした心に、いつ如何なる時でも心地よいのは、喜ばしいこと、優しいこと、明るいこと。あたたかいと感じる人の情です。

人のことを何か言う場合は、常に良いことを言うようにしていれば、まず間違いはないのであって、そうした情の機微をわきまえておくことが大切なのでしょう。

二十八

上司の命令でも道に外れるようなことはしてはならない

忠義を正しく理解せよ

近年、大企業の不正が明るみに出る事態が相次いでいます。不正とわかっていて長年にわたり続けてきた。さらには、そのためのマニュアルまであり、社員を指導していたというのだから驚きます。

日本人は世界で最も信頼される民族です。それは「真面目さ」や「仕事熱心さ」「責任感」にあります。ゆえに日本製品も一目置かれてきました。

このような民族性が育まれたのは、日本人が「道」を重んじてきたからにほかなりません。

武士道は江戸時代中期以降、庶民階級にまで浸透し、日本人の精神性となりましたが、面白いのは、それが「農民道」「職人道」あるいは「商人道」などに発展し、それぞれの分野で「人としてかくあるべし」ということが説かれ、継承されていったことです。

しかし、終戦を境に徐々に失われていきました。渋沢栄一《しぶさわえいいち》が「論語とソロバン」を説いた例をあげるまでもなく、経済とは「道」の上に成り立つものという戦前までの日本の認識が、世代を経るごとに薄れていってしまったのです。

もはや二千年余りの歴史のなかで培われてきた日本人の民族性が崩れかけているのかもしれません。

もし、「道」というものが依然として最も重要な核心として保たれていれば、とてもここまでの不正はなかったのではないでしょうか。事はおそらく複雑極まりなく、わかっていてもやむを得ず…ということが多々あったものと思われます。

さて、このような不正、つまり「道ならぬ事」を上司から指示された場合、どうするかです。

これが真の忠義だ

主人の仰せであっても、他者から誹《そし》りを得たり、一大事になりかねないような事であれば、思いとどまるよう、よくよく申し上げるようにせよ。

それによって残念な処遇を受けるようなことがあったとしても、苦しむべきではないぞ。よくよく落ち着いてお考えになり、なるほど道理だと理解されたなら、おおいに感心されることもあろう。また、神仏も必ずや報いてくださるものだ。

これはまずいぞ。へたしたら一大事になりかねない。

こういう場合に上司の意見にひたすら添うのは、一見、柔順な部下のようですが、実は忠義とか忠誠とはいいません。

もし上司が間違っていることがあるとすれば、丁重に、謙虚に、尊敬心をもって、その間違いを指摘する。

本当の忠義、忠節、忠誠というのは、こうしたものです。

それが原因で心ない処遇を受ければ、生活が脅かされ、これからの出世進退も危うくなる。たいていはここで尻込みしてしまうことでしょう。それも甘んじて受け入れようというだけの勇気を振り絞るのは大変なことに違いありません。

ここは自分がどう生きるのか、ということにかかってきます。

一度きりしかない人生です。

自分の本心、良心をごまかしながら、言いたいことも言わず、言わねばならないことも言えず、なんとなく流されながら生きていくのか。

それとも、どんな目に遭っても、私心を捨て去ったところの信念を貫いていくのか。

合戦が仕事の武士は、明日の命は知れぬ身でした。ゆえに、明日死んでもいいように、その日その日を悔いのないように生きることを目指します。

それは、私たちとて同じことです。

いったい、明日の命が確かなことであると、誰が保証できましょうか。

このことをしっかり見据えて、自らの進退を判断したいものです。

コラム

克己復礼《こっきふくれい》～武士道の根幹

特権階級である武士は公的存在でした。

「公（おおやけ）」というのは、簡単にいえば、自分よりも他者や世を優先するということです。そのためには、「私（わたくし）」を常に乗り越えなければなりません。

私心とは、自分一個の喜びであり、欲望です。

人を差し置いてでも豊かになりたい、出世したい、いい思いをしたい。自分の好きなように振る舞いたいとするのが「私」です。

個人が重んじられる個人主義の世の中になった今では、「私」に生きようとする人が徐々に増えてきています。

しかし、それが世の中を非常に居心地の悪いものにしているといっても過言ではありません。

ひとつ例をあげましょう。

無理矢理乗車して電車の発車時刻を遅らせる程度ならまだしも、それが原因でなんらかの交通トラブルになり、何十万、何百万という人の足が乱れる結果になる。もちろん誰もが困ります。

都市部では特に、不愉快な思いを抱えイライラした人が多いと感じますが、その原因が、一人ひとりの身勝手な行動にあるとわかっている人が、どれだけいるでしょうか。

重時の教えを読まれて、随所に「私心を抑えて」という意味のことがあるのに気づいたことでしょう。

武士道の根幹にあるのが「克己心」であり、いかに「私」を克服するかということが、常に目指すところであったのです。

後に新渡戸稲造が米国で「BUSHIDO」を出版した際には、副題を「日本の精神」としました。

日本の精神が武士道であるということは、日本人とは公を重んじる民族であるということになります。そして、実際、日本人はおしなべて自分よりも他者を重んじる生き方をしてきました。

そのことを的確に指摘しているのが日本に帰化した英国生まれのギリシャ人、ラフカディオ・ハーン（小泉八雲《こいずみやくも》）です。

幸福というものが、他者の喜びの上に成り立っていることを、日本人ほど熟知している民族はいない、と、彼は述べています。

また、明治時代に東京大学の教授を務めたエドワード・モースは、「日本人が丁寧であることを物語る最も力強い事実は、最高階級から最低階級にいたるまで、すべての人々がいずれも行儀がいいことである」（『日本その日その日』東洋文庫）など、日本人の公共精神について随所で述べています。

このように行儀の良い振る舞い…つまり、思いやりのある態度や言動をとるためには、ある程度、私心を抑えていく必要があります。

それを「克己復礼」といいます。

己（私心）を克服して、礼（思いやりのある態度）に復すということです。

「私」の欲望を満たすことに終始することによって得ているものは何であるのか、よく考えたいところです。

だからといって、こうしたことは人にとやかくいうことではありません。

重時にならっていえば、人がどうあろうと、大切なのはあくまで自分がどうあるべきか、ということです。

克己復礼を目指して、自分一人でも変えていこうとすれば、少なくとも、世の中は一人分だけよくなる。

そういう姿勢を大切にしたいものです。

四章

女を尊ばずして先はない
——家も仕事も女次第

男にとって女は永遠なる謎だ。
無理にわかろうとせずともよい。
しかし、選び方、接し方、距離の置き方
すべてにおいて細心なる注意を払え。
でないと地獄に落ちるようなことになるぞ。

二十九

道を譲れ。こと女や子どもは先に通せ

譲られて怒る者はいない

女性に対する重時の気の遣いようといったら、それはもう半端ではありません。よほど女は恐ろしいものと思っていた節があります。

かといって女嫌いというわけではないようです。ちゃんと正妻も側室も迎えています。しかも、12人もの子（男女ともに6人ずつ）をもうけているのです。

ちなみに執権となった長兄の泰時《やすとき》は1人（時氏《ときうじ》）、すぐ上の兄・朝時は4人。比較にならないほどです。どうも、恐れるわりにはパワフルだったようです。

重時は母親を少年時代に失っています。

重時の母は比企朝宗《ひきともむね》の娘で、かなりの美貌でした。しかし、建仁《けんにん》3年に比企氏の乱が勃発し、北条氏が比企氏を滅ぼすと、惚れ込んで妻に迎えた義時としても離縁せざるを得ません。

重時の母が、いつ、どのようなかたちで北条家を去ったかは不明ですが、いずれにせよ少年だった重時が若く美しい母が去ってしまったことに深い淋しさを抱かぬわけがありません。

しかも都で再婚し、ほどなく世を去っているのです。母への思慕もいっそう募ったでしょうし、幸薄い女の儚さというものを思ったかも知れません。

その一方で、4歳年上の次兄・朝時は、どうも遊び人だったのか、女性問題で将軍 源 実朝《みなもとのさねとも》の信頼を失ったばかりか、父・義時の逆鱗に触れ籠居《ろうきょ》までしています。

女にうつつを抜かすと兄のようになるのだ…と、重時が思ったかどうかはわかりませんが、このような兄を間近で見ていたことにより、かえって女の魔性を知ったかもしれません。

そのうえ重時の時代は尼将軍とも称された北条政子《ほうじょうまさこ》が事実上の実力者であり、誰もが恐れ、気を遣っていたといわれています。

ついでながら、義経《よしつね》の妾であった静御前《しずかごぜん》が頼朝《よりとも》らの前で義経を恋い慕う歌を歌いながら舞うのを前に、政子は「天晴れ!」と絶賛、「無礼者!」と激怒した頼朝をも制したという、有名な逸話があります。

この話はなかば伝説、創作であるともいわれているのですが、たとえそうであったとしても、このような女性像が描かれるということは、当時でも勝ち気な女性がいたということの表れでしょう。

皆が皆そうとはいいませんが、時世がどうであれ、人間の本質というのは、さして変わらないのかも知れません。

昔の女性も男の言いなりになどなっておらず、たとえか弱く見えても、その実どこか図太いものがあったのではないかと思われます。

公武の間で神経を使う職務に就いていた重時は、女性を御していくことにも長けていたのかもしれません。

一つひとつが今も参考になるものばかり…というより、むしろ現代人よりも細かいところにまで及んでいると言っていいかもしれません。

万事レディファーストだ

道を歩くとき、目上の人が向こうから来た時には、まだ近づかないうちに道を譲るように。

たとえ目下の者であっても、相手が道を譲ろうとする前に自分も身を引いて互いに譲り合うようにするのが望ましい。

ただし、便宜が悪いこともあるので臨機応変にしてよろしい。

特に荷を運ぶ者や女性や子どもに対しては、自分が身を引いてよけ、時には馬を下りてでも通してやれ。けっして面倒だと思って注意を怠ることがないようにせよ。


女の立場として、これはなかなか心憎いことを言うな、と思ったりします。こちらが近づく前に男性の側が道を譲ろうとしているのを目にするのは、申し訳ないな、と思うのと同時に、なかなか気分の良いものです。

しかも、狭いところで、身を引いてでも、「どうぞ」と言ってくれたりすると、「わあ、紳士的」などと嬉しいものです。

たぶん女心の奥底に「大切に扱われたい」という想いがあるからでしょう。お姫様願望のようなものは多かれ少なかれ女性にはあって、王子様のように接してくれる男性というのは、その願望をそれとなく満たしてくれる存在となるのです。

こういうことは理屈ではありません。というより、女性に関しては理屈など吹っ飛ぶと思ってください。理屈理論などより、感情を満足させることができるかどうかが分かれ道です。

女性に関しても、武士道の「悌」の徳が功を奏しています。悌は、自分よりも弱い者に対して思いやりを持て、ということです。

よほど鍛えているならともかく、一般的に女性は力では男性に勝てません。力の弱い女性に対して強く出るなどというのは、武士の風上にも置くことができないのです。武士でなくとも女に暴力を振るうなどというのは、褒められたものではなかったのでしょう。

女性の権利云々ということと、女性が大切に扱われるかどうかということは、別問題といえそうです。

三十

女子の集いは見ぬふりをせよ。部下にも固く言い聞かせろ

女への気遣いは細やかに

「女三人寄ればかしましい」ということわざがあります。

女性のおしゃべりな性質を表現したものですが、確かに3人も寄り集まると、たちまち話に花が咲きます。

オフィスでも、給湯室だろうと女子トイレだろうと、あるいは会議室であろうとも、女子数人集まれば、たちまち井戸端会議が始まります。

そこに男性社員が通りかかる。その中のひとりが気づいて視線を送ってきたとみるや、それが合図のごとく全員が一斉にこちらを見てくる…。

そんな経験、ありませんか？

何を言われるかわかったものではない

女たちが忍んでいる所を通る場合は、返す返すも見ないようにしなければならない。ふと目に入ってしまっても、見ぬふりをするように。部下に対しても、絶対見てはならないぞ、と、固く言っておくように。

目が合ったら終わりです。

うまく視線を外し、見て見ぬふりをすれば、目と目が合うことはありません。したがって一斉に女子の視線を浴びせられることもなくなります。

別に、目が合ったからといって何かが起きるわけではないのです。

ただ、自分のことが話題になる、噂話の種にされる可能性が大いにあるということだけは、心に留め置いたほうがいいでしょう。

「そういえば、あの人この前ね…」

「えー、そうなの?知らなかった。だっさぁ」

「イメージ壊れるよねぇ。しかもぉ…」

私たち女は想像力が豊かな場合が多く、1のことが20にも30にも膨らみます。些細なことから、いくらでもストーリーを展開していくことができるのです。事の真偽はともかくとして…。

そして、うっかりすると、そのストーリー展開が思わぬ噂話になって流布されるということもあります。

しかし、噂が広まっても、そのもとになったのが自分たちの他愛もないおしゃべりだった、ということには気づきません。

むしろ、その頃にはすっかり忘れ去っていて、「へえ、ちょっと聴いたことはあったけど、そこまでのことだったとはね」などとまったく悪意がありません。

この、悪意のないところが恐ろしいところだと思います。

重時は部下にまで「固く」言っておけ、とまで述べています。

部下がそうした目に遭うのは気の毒だからでしょう。しかし同時に、目を合わせたのは部下であっても餌食になるのは上司である自分、ということが言えるからです。

部下が女性社員の気にそぐわない態度をとった（本人にはまったくその気はなくても）となると、「だいたい上司の○○さんが悪いわよね」、などという話に発展させることなどたやすいのです。

こうした女性の性質は、昔もさして変わらぬものではないかということは、源氏物語などを読むと察することができます。

女性特有のストーリー展開がいらぬ噂話に発展し、下手すると仕事に支障を来すことも十分あり得ることを重時は知っていたのかもしれません。

奥女中の集まりにしても、お公家さんの女性たちにしても、空恐ろしいと感じてかしこまる真面目な重時の姿が目に浮かぶようです。

三十一

妻となる女を選ぶには、その心をよく見よ

妻を裏切ると恐ろしいことになる

「美人は3日で飽きる」とか「美人薄命」とか、顔かたちの美しい女性は、そんなにいいものでもないのだ、と思わせるような言葉が少なくありません。

類似した言葉がいくつもあるということは、やはり男性は美人に弱いということを表しているのに他ならないのでしょう。

重時は、とりわけ妻を選ぶ際には、心を重視しろと教えています。

軽はずみは女難の元

妻を選ぶ際は、その心をよくよく見て、ひとりだけ選び定めよ。かりそめにもそのほかにも女をつくってはならない。妻の嫉妬が募りに募って、浅ましい出来事まで起きて、ついに

は地獄に落ちるようなことになるぞ。

重時の正妻や側室が美人であったかどうかはわかりません。しかし、先にも述べたように、母親は秀麗な美人でした。美しい母を失ったことから、重時にとっては「美人薄命」は現実の話であったのかもしれません。

重時には4人の妻がありました。正妻2人と、側室が2人です。

たったひとりを選べと言いながら、なんだ、4人もいたのか。と言いたくもなりますが、正妻はひとりです。最初の妻と事実上、離縁してから、後妻として正妻を迎えているのであり、側室はあくまで側室です。つまり、できるだけ子孫を多く残すための存在です。

当時は何といってもお家大事、子を多くもうけることは家の繁栄に直結していました。これが常識だったわけですから、女性の側もそのつもりで心得ていたことは想像に難くありません。

しかし、だからといって嫉妬心を抱かないかと言えばそうではないはずです。自分だけを特別扱いして欲しい気持ちは男性にも増して強いのが女性です。ゆえに嫉妬心も半端ではありません。

この教えは、これから結婚する人にも、すでに結婚している人にも通用するものでしょう。恋人に「いつか結婚しようね」などと言っておきながら、突然、他の女性と結婚してしまった…という話が実際にあります。裏切られた側の女性は間違いなく恨むでしょう。「かりそめにも他にも女をつくるな」ということについては、結婚後の浮気についてのことと受け止めてもいいと思います。なぜなら、ここで重時がどうしても念を押したいのは「女の嫉妬の恐ろしさ」だからです。

おそらく重時は、正妻には相当気を遣っていたものと思われます。「人生の伴侶はお前一人だ。側室はあくまで一族繁栄のためであることをゆめゆめ忘れないで欲しい」と言ったかどうかはわかりませんが、正妻の嫉妬心をかきたてないために、女性の大好きな「特別扱い」をしっかり行ったに違いありません。

でなければ地獄に落ちるような事態になる。

あまりにも実感がこもっているのは自身の経験か、あるいは籠居という目に遭った兄のことを思ってでしょうか。

また、北条政子は非常に嫉妬心の強い女性だったといわれています。そういわれる原因となったのは、頼朝が寵愛した亀《かめ》の前《まえ》に対する、あまりにも激しすぎる行動です。これはよく知られた話ではありますが、コラムで後述することといたします。

結婚前であろうと結婚後であろうと、女の嫉妬を駆り立てるような決定的な裏切りをしてしまうと（つまり浮気）、おおむね大変なことになります。特に結婚後、少なくとも5年から10年は細心の注意を払うに越したことはないでしょう（それ以降は、ふたりの関係次第というところで話をぼかしておきましょう）。

ただ、かといって妻にべったりというのはいけません。つかず離れずという距離感が大事です。特に結婚年数を経るほどに、「亭主元気で留守がいい」というのが本音であると理解しておいたほうが無難です。家にいる場合は、家事を手伝うようにすると疎ましがられなくてすみます。でも、掃除ひとつ、食器の洗い方ひとつにしても、奥さんの言うとおりにしたほうが機嫌を損ねずに済みます。

まことに男性諸氏に対してはお気の毒な限りですが、「私のことちっともわかってないのね！」などと逆ギレされるよりは良いかと思います。

こうしたことを考え合わせていくと、重時が「心をよくよく見て選べよ」と念を押しているのが、つくづくわかってくるのではないでしょうか。

もっとも、すでに選んだ後であれば、腹を決めるしか…。

コラム

妻の嫉妬が募りに募った浅ましい出来事

源頼朝には、亀の前という妾がいました。

頼朝と亀の前が出会ったのは、頼朝が伊豆に流された頃。つまり、頼朝にとって最も辛く苦しい時期に出会っているのです。しかも、亀の前は美しく、柔和で心の優しい女性でした。ほろりとして当然ですね。

ふたりの関係は政子との結婚後も続いていました。鎌倉に居を構えた際、頼朝は亀の前を現在の逗子に住まわせているのです。

政子はこうした事実をまったく知りませんでした。政子はといえば、後に第二将軍となる頼家《よりいえ》を妊娠中。頼朝の子を授かり、幸せいっぱいの気分だったのではないでしょうか。

そんな政子の目を盗んで、頼朝は亀の前のもとへと通いました。つまり妻の妊娠中に他の女性と睦み合っていたのです（その気持ちわかる、と、一部の男性は思うでしょう）。

隠し事は、いつか明るみに出るものです。

政子が無事出産すると、まるで待っていたかのように継母・牧《まき》の方《かた》が事の次第を告げます。黙っていればいいものを、ここが女の怖いところですね。

ともかく、政子にしてみれば文字通り驚天動地としかいいようがありません。無事出産を終え、しかも男子の誕生ですから、「大役を果たしたわ！」と得意の絶頂だったところから、一気に谷底まで突き落とされたも同然です。ただでさえ激しい政子が激烈な嫉妬の炎を燃やしたのも無理からぬことでしたでしょう。

怒り狂った政子は、牧宗親《まきむねちか》（牧の方の父）に、亀の前を住まわせていた伏見広綱《ふしみひろつな》の屋敷を破壊せよと命じます。亀の前は広綱に連れられ命からがら逃げ出すと、葉山の大和田義久《おおわだよしひさ》の屋敷へ身を寄せました。

これに怒ったのは頼朝です。

「お前、いったいなんてことをするんだっ」と、政子には言わず、牧宗親を激しく叱りつけたのです。

宗親は平身低頭、額を地にこすりつけるほどひれ伏して詫びましたが、頼朝の怒り冷めやらず、なんと、宗親の髻を切ってしまいました。侍としてこれ以上の辱めはありません。気の毒というか、いい迷惑というか…。

しかし、事はさらに発展します。この仕打ちを知った政子の父・北条時政《ほうじょうときまさ》が、憤怒のあまり伊豆へ立ち引いてしまったのです。時政といえば、重時の祖父にあたります。

あわや両家の絶縁か、という事態にまで発展したわけです。

が、ここに至っても頼朝は亀の前を寵愛することをやめなかったばかりか、どうやらよりいっそう深く愛するようになったようです。亀の前は助け出され、再び逗子の小《こ》中《ちゅう》太《た》光《みつ》家《いえ》の屋敷にかくまわれました。

おもしろくないのは政子です。実家の父と一族郎党は伊豆に帰ってしまうし、夫は相変わらず女のもとへ通っているし。

怒りを抑えられない政子は、頼朝に「あなた、いい加減にしてくださいっ」とは言わず、なんと、伏見広綱を流罪にしました。

どういうわけか、頼朝と政子は直接対決はしてはいないようです。家臣の前で体面を保つためだったのでしょうか。

理由はどうであれ、牧宗親に伏見広綱、このふたりにとっては、まったくもって、いい迷惑どころの話ではありません。とばっちりもここまで来ると災難災厄です。

政子は重時にとっては伯母にあたります。政子が没したのは重時が27歳の頃。伯母の若かりし頃のこうした話を重時が知らないわけはありません。

女の嫉妬がふたりの男の将来を狂わせた…（しかも、ふたりともよかれと思って命に従っていたのに）。

生真面目な重時が震撼とするのもわかります。

ところで、政子を恐れながらも、どうしても亀の前を寵愛せずにはいられなかった、それも、政子が妻として図太くなればなるほど亀の前を深く愛した頼朝の心境も理解できるような気がします。

表向きはともかく、実際的なところで政子には頭が上がらず、義父の北条時政にも遠慮せざるを得ないところがある。

わが家といえども神経の休まる場がなかったのかもしれません。おだやかでやさしい（しかも美しい）亀の前と過ごす時だけが、頼朝にとっては心安らぐひとときだったのでしょう。

言ってしまえば妻にないものを妾に求めたのであり、頼朝にしてみれば、どちらもかけがえのない存在なのです。

男性の肩を持つわけではありませんが、男の人というのは、妻にはいつまでも女らしく、やさしく、きれいであってほしいと願っているのだと思います。結婚して家事に仕事に子育てにと日々奮闘するうちに、ともすれば私たち女性は、かつての可憐さを失ってしまいがちではないでしょうか。

女性陣を敵に回すことになりそうですが、夫の浮気は妻にも原因があるというのが私の考えです（病的な浮気性というなら話は別ですが）。歳を重ねて、ある程度ふてぶてしくなったとしても、きれいでいよう、やさしくあろうとする努力を忘れたくないものです。

そして、そういう妻の努力が垣間見えたら、ぜひ男性にもきりっとした男らしさに磨きをかけていただきたいと願います。

三十二

妻子の話はよく聞き届けるようにせよ

女子どもを侮るな

帰宅してホッとしたのも束の間、妻がその日の出来事を話し出した。聞くかぎりでは、どうでもいい内容。そんなこと今、話す必要があるのか？　どんな答えを俺に求めてるの？

カミさんは神さんだ

妻子が話しかけてきたら、よくよく聞いてやれ。取るに足らぬ内容であっても、女や子どもというのはそんなものだと思って受け止めよ。道理である話なら、いかにも感心した様子を見せて、これからも、このように何事も話して聞かせて欲しいと言っておけ。

女子どもだからといって軽んじてはならない。天照大神も女神であらせられ、神功皇后もお后さまでありながら三韓出兵という大業を成し遂げられたのだ。また、幼いからといって見くだすものではない。

重時は、辛抱強いようです。

こういうことができたら、たぶん、奥さんとの諍いは、かなり減っていくことと思われます。

確かに取るに足らないようなことであっても、私たち女は話をしたいのです。それがたとえば悩み事であったり、相談事であったとしても、別に答えは求めていません。ただ聞いてくださるだけで結構です。

でも、たまには知的な話もしたいのです。学んだことや感動したこと、仕事のこと。あるいは、わが身を省みて、これからはこうしよう、ということなども。

そういう時に、旦那様から褒められようものなら、それだけでけっこう嬉しくなってしまうのです。

「君は昔から努力家だよね」などと言われたら、それはもう有頂天です。もうちょっと優しくしようっと、などと思ったりもします。

それどころか、「君の話には得るところが多いよ」とまで言われると、ますますやる気が出ます。

ここで注意事項があります。重時が「妻子が」としているところをしっかりわきまえてください。このような対応をよそでもする、つまり、他の女性に対してもすると、たぶんモテます。女性の部下からすれば、理解ある尊敬できる上司ということになりますが、うっかり行きすぎると大変です。

そうなると、重時がきつく戒めている女の嫉妬を買う事態となりかねません。

重時は天照大神や神功皇后を例に挙げていますが、神代から偉業を成し遂げた女性がいたことから、日本では女性が尊ばれていたといっていいでしょう。

妻のことを「カミさん」と呼び習わしていたのは、「カミ」は「上（カミ）」でもあり「神」でもあるからとする説もあります。

「カミさんは神さまなんだ」と思えばどんな話にもつきあえる…かどうかはわかりませんが、重時が天照大神まで持ち出して懇々と説いているところをみると、「大事なのは忍耐だ」と言いたいのかも知れません。

三十三

外出先から帰宅するときは一報せよ

妻にも都合があるらしい

すでに死語となりつつあるようですが、帰宅する前に連絡することを「かえるコール」といわれていました。今ではスマホのラインやショートメールがもっぱらでしょう。

どんな手段であれ何時に帰ってくるかということを知らせてもらえると、妻としてはありがたいのです。

うっかり機嫌を損ねると大変だ

わが家へ帰る時は、事前に帰宅することを連絡するように。家の近くまで来た際にも、車のクラクションを軽く鳴らすなど家内の者が近くにいることを察することができるような工夫をし、玄関を入るときは大きな声で帰宅したことを告げるように。

こうしておくと、何かと都合良くまわることが多いのだ。

なんと「かえるコール」が鎌倉時代にもあったとは。しかも、今より念の入ったことに、家の近くまで来たら、気配を感じさせよというのですから驚きます。

もとの文章は「ひきめをもいならし、こえをもたかくすべし」とあるので、お供と話す声を大きくするとか、一人であればわざわざ大きな声で独り言を言うとか咳払いをするとか。

これはいくら何でも今の住宅事情からするとできません。それで「クラクションを鳴らす」と表現しました。

重時が「こうしておくと都合がいい」というのは、よくわかります。妻の機嫌を損ねなくて済むということと受け取っていただいてもよいかと思います。

いきなり帰ってこられると、理不尽かも知れませんが、いやなものなのです。自分の家なのになぜ？　と、男性ならば思うでしょう。なんとなくいやだ、としか言いようがありません。強いていうなら、夫が帰ってくる、ということについて準備をしたいのです。それは実際的な準備でもあり、また、心の準備でもあります。

「〇時ごろ帰るよ」と連絡があると、部屋も片付けて、食事も帰ってくる時間に合わせて作っておくなど準備ができます。

いきなり帰ってきて、「夕飯は？」と言われると焦ります。いらいらしながら料理をすると失敗しそうで嫌です。そのうえ、部屋が雑然としていると、くつろげないだろうなぁとか、文句を言われそうだなぁ、などと気にかかります。

こうしたイライラや不安感が、私たち女を不機嫌な振る舞いへと導いていくのです。もちろん、自分では不機嫌に振る舞っているつもりではないのですが、知らないうちに顔がこわばり態度が硬直してしまうのです。

共働きの場合は、自分が帰る時間に夫がいるのかどうかということを知るのは、やはりけっこう重要です。

帰る時間によっては、どこかで待ち合わせて、一緒にお総菜を買って帰ろう、ということができますし、子どもを保育園にお迎えに行く必要があれば、どちらが行くか、決めることもできます。

まったく重時の言うとおりです。何かと都合がよく、ものごとがよくまわるのです。そうなると妻の不機嫌は回避できます。

案外、こうした細かなところでの配慮が夫婦仲を保つのではないでしょうか。

三十四

我が身をつねって人の痛さを知れ

自分がされていやなことを人にするな

「己の欲せざるところ人に施すことなかれ」とは、よく知られる論語の教えです。

「自分のして欲しくないことを人にしてはならない」という意味ですが、言うは易し行うは難しで、いつの間にか「目には目を」になってしまうことがあります。

女の言葉に真理あり

些細な罪も犯してはならない。自分の体をわずかでも切ったり突いたりしてみれば、苦痛を感じないわけにはいかない。

女などが言うたとえに、わが身をつねって人の痛さを知る、というものがあるが、実にも

っともな事である。

これは女性についての教えではありませんが、極めて大切なことを伝えようとする際に、「女などがよく言うたとえは実にもっともなのだ」と、女性のことをもちだしているところに注目したいのです。

こうしたところに重時が女性に対して敬意を払っていたことが読み取れます。恐れるだけでなく、女の偉さというものを感じていたのではないかと考えます。

女の偉さとは「母性」と言っても良いでしょう。

女性は母親になると、自分をことごとく後回しにしてでも子どものために尽くします。仏教が観音様の慈悲にならうことを目指したと述べましたが、母としての無私なるあり方は、まさしく観音さまにならっているということができるのです。

また、慈悲というのは、惻隠の情にも通じています。

惻隠の情は相手の傷みを自分の傷みのごとく感じて寄り添うことです。子どもが病気になると自分のこと以上に心を痛めるのが母親です。女性は母親になることで、このような観音様の慈悲を自然に実践することができるのです。

だから「わが身をつねって人の痛さを知る」ということわざをよくいっていたのでしょう。男性の思考がどちらかといえば理性的・論理的であるのに対して、女性は感情的・情緒的といわれます。重時は幾度か繰り返し情について述べていますが、女性はこうした性質を持っていることから、労せずして情をかけることができるともいえます。

もっとも、近年は人の痛みがわかっているとは思えない女性の問題行動も増えました。実に残念というべきでしょう。

三十五

玄人の女にあまりになれなれしくするな

度が過ぎれば恥となる

京の都で芸者遊び。

今でも憧れる男性は少なくないのでしょう。一度くらいは雅なお座敷遊びで旦那気分を味わいたいという気持ちは、わからなくもありません。

お里が知れるとはこのことだ

遊女や芸妓などに接する際には、たとえ旅先の者であったとしても、あまり度を超してなれなれしい言葉をかけてはならない。ただ、ふだん通りの振る舞いで普通のことを言うように。

度を過ぎると恥となることもあるのだぞ。

接待などで美人コンパニオンをつけたりすると、やはり男性は嬉しそうですね。見るからにはしゃいだりする人もいるので、わかりやすいです。

そうしたコンパニオンなどプロの女性に対しての接し方を、ほぼ全員の女性が見逃してはいません。全員というのは、コンパニオンも含め、その場に居合わせたすべての女性ということです。

まずコンパニオンの女性です。仕事ですから、当然ながら多少のことは割り切っています。盛り上げ役なわけですから、まったく面白くも何ともないと思っていても、輝くような笑顔で、さも楽しげに振る舞います。

それをいいことになれなれしくしてくる男性客に対して、顔で笑っていても、心では舌打ちしている場合も大いにあると思って差し支えありません。

そして同席した女性は、コンパニオンが本心では不愉快に感じていることを敏感に察知します。すると、「ったく、恥ずかしいったらありゃしない」と、これもまた心で舌打ちします。

そんなお堅いことは言わないで欲しい。と、男性なら泣きたいような気持ちになるかも知れませんが、これがほぼ現実であるということは理解しておいた方が身のためだと思います。

重時が正しいのです。

こういう場での姿を、私たち女性は忘れることはありません。もちろん女子会などで話題にする可能性は十分あります。
ひとたび話の種になったらどういう危険があるか、続きは三十項をご参照ください。

三十六

宴席にはぱっとしない女を選べ

甘い罠に男は弱い

玄人の女性についての教えがさらに続きます。

酒と女の組み合わせは最も危険

宴会などに遊女を招く際には、容姿も悪く、衣装もぱっとしない者を選ぶがよい。美しい女は人の心を奪いかねない。

器量も衣装も良くなければ、男心を奪われることもなく、自分の心を惑わされる心配もない。

どのみち一夜の事なのだ。それに選ばれた遊女もさぞ嬉しいことだろう。

同じお金を払うなら、美人でおしゃれな女性を選びたいと思うのが普通でしょう。ところが重時は、あえて正反対の女性を選べというのです。こういうことを言える人が、いったいどれくらいいるでしょうか。

酒の席に美女が侍るという経験は、重時の立場や仕事柄を思えば、いくらでもあったでしょう。鎌倉時代の武士は荒くれ者も少なくなく、また公家にしても酒宴で乱れ遊ぶなど当然、むしろ乱れ遊ぶのが酒宴だとさえいわんばかりです。

酒に酔った勢いで…ということを少なからず目にしたかも知れず、さらにはそれがとんでもない顛末《てんまつ》になったところを見聞きしていたものと思われます。

「美人のお姉ちゃんが来るんだ」と期待していた人はさぞかしがっかりすると思いますが、そういう人ほど、前項のようななれなれしい態度をつい取ってしまうような危険があるのかもしれません。

せっかく美人の同席でお酒を飲んでいるのに、羽目を外してはならない、なれなれしく接してはならない、ふだん通りの振る舞いで、話題もふだん通りにせよ、などというのは酷な話です。

でも、お世辞にもぱっとしない女性だったら、そこまではしゃぎたくはならないかもしれません。

つまり、「努力しなくても、普通通りの落ち着いた振る舞いができる」のです。重時、なかなか心憎いですね。

しかも、優しいではないですか。

容姿も衣装もいまひとつという玄人の女性であれば、なるほど指名されることも少ないことでしょう。ゆえに、自分が指名されたとなれば、喜びもひとしお、お客様のために尽くそうとがんばってくれるはずです。

案外、落ち着いたなかにも、心楽しい酒宴となるかもしれません。

三十七

どんな女でも非難してはならない

我が身が廃れる原因となる

女の悪口は言うものではない、ということは、世代によっては家庭でしつけられているのではないでしょうか。

また、こうした家庭教育が失われた現在でも、ある程度の年齢になれば、女性のことを悪く言うものではないという認識が男性のなかに芽生えるように見受けられます。

それにしても、昨今は「言いたくはないが、言わずにおれない」という女性、つまり目に余るような女性が存在するのは確かです。

不運の影に女あり

どれほど醜悪で下品な女であったとしても、決して女を非難してはならない。ましてや自分を恥じているような人であるなら当然である。

人のことは良いところをとりあげて言うようにして、悪いところからはむしろ目をそらせるくらいがいい。

こうしたことがわからぬ人は、わが身を恥じるような目に遭うことになり、少しも功名を立てることはできない。

重時の徹底ぶりは、ちょっとついていけないレベルかも知れません。どんな女だろうと「決して」非難してはならないというのですから。

このことを深く考えてみると、醜悪で下品な女性というと、すなわち知性や教養から遠いということがいえます。いわゆる逆ギレする女性とは、こうした女性ではないでしょうか。念のため付け加えておくと、「学歴」と「知性・教養・品格」は別問題です。知性や教養、品格とは、人間性、つまり心のあり方を表しています。

相手の立場に寄り添い思いやりある行動をしようと心懸けている人が、逆ギレなどするわけがないですね。

してみると、言わずにおれないほどのレベルの女性を悪く言うことは、そうでない女性を悪く言う以上にリスクを伴うことになると言えるのではないでしょうか。

言っていることが間違っているかどうかなど、問題ではありません。繰り返しますが、理屈理論など女性の前では吹っ飛ぶことが珍しくありません。

実際、自分のことをすっかり棚に上げて、「あの男にこんなことを言われた」と悲劇のヒロインになりきって騒ぎ立てている例は枚挙にいとまがありません。それがＳＮＳなどを通じて瞬間で広まることも珍しくありません。

ネット社会では情報がものすごいスピードで流れます。広まるのも速い代わりに、噂話も百日ともちません。ですから、放置しておけばそのうち落ち着くのは目に見えています。とはいえ、決して気分のいいものではないですね。

そのうえ、場合によっては仕事に甚大な影響を及ぼす可能性も否めません。立場のある人であれば、その可能性はおのずから大きくなるでしょう。

やはり「困った女」からは遠ざかっておくのが最善です。

女性のことに限らず、人の悪いところにはできるだけ目をつぶり、良いところを採り上げるようにせよというのが一貫した重時の教えです。

因果応報、すべては自分に返ってきます。人を悪く言えば、やがては自分にとっての悪いこととして帰ってくる。「わが身を恥じるような目に遭う」のも、自分が招いた結果ということです。

コラム

日本の歴史を支えた武家の女子教育

戦前の日本は男尊女卑であった。

こと武士が権力を握っていた封建時代においては、女性には自由に生きる権利はなく、きわめて隷属的な存在であった。

このような認識を持つ人は少なくありません。女性史研究の分野においても、ほぼ定説となっています。というよりは女性観そのものの立脚点がここにおかれているのです。

しかし、戦前の記録を調べていくと、どうやら必ずしもそうではなかったようです。私の専門分野としているのは幕末明治ですが、たとえば江戸時代の『近世風俗志《きんせいふうぞくし》（守貞謾稿《もりさだまんこう》）』（喜田川守貞《きたがわもりさだ》著）や幕末明治に日本を訪れた外国人の記録、あるいは明治生まれの研究者の見解などからは、むしろ日本女性が実権を握っていたとさえ言っていい状況が見えてくるのです。

武士道というと、それこそ男尊女卑的なものと受け止める人も中にはいるかもしれませんが、むしろ武士道があったからこそ日本の女性は大事にされたといっても過言ではありません。

ただし、それは表層的な見え方は別とした話です。例えば九州や東北などでは、嫁は食事も土間で食べなければならなかった風習があります。これは長年受け継がれた習慣であり、そうすることに意味がありました。今の観点からすれば酷いことに違いありませんが、秩序というものを守り継承していくには、時に理不尽ともいえるようなことがあるわけで、一概に良い悪いでは片付けることはできないのです。

ともあれ、先に述べたとおり、武士道における「悌」の徳があり、あるいは「廉恥」があったために、「弱い存在」である女性に強く出ることは、男として最も恥ずべきことであったのです。

しかし、そうなると女性は増上慢《ぞうじょうまん》になりそうなものです。そこを十分に考慮してか、武家における女子教育は、ともすれば男子以上に厳しいものがありました。

いかなる厳しさかというと、男子以上に「無私」となるような躾が行われたのです。「武家の娘のまつげは潤うてはならない」という教えは、それをよく表しているもののひとつです。

つまり、女は泣いてはいけないということです。

自分一人の悲しみや怒りなどのために涙を流すのは、それこそ恥であり卑怯なこととされました。念のために付け加えておきますが、人のために涙を流したり、感涙することは良いとされます。

女性にこうした躾が行われるのは、妻として、あるいは母としての役割を立派に果たすためでもありました。

武士の妻として、あるいは母として、合戦に出て行く男たちを堂々と立派に送り出さねばなりません。さらには、残った家族や時には一族郎党を、しっかり取り仕切らねばならないのです。

この妻に任せておけば大丈夫だ。

そう思うことができなかったら、男たちはわが身を省みず戦うことなどできはしなかったでしょう。

こうした武家の女子教育について、興味深い見解をふたつ、紹介したいと思います。

まずはモラロジー研究所を設立した廣池千九郎《ひろいけちくろう》です。武門の荒廃を観ていくと、ことごとく女性と関係していると述べています。

以下に要約すると、

平家は忠盛《ただもり》や清盛《きよもり》、重盛《しげもり》など、どの男子を見ても、いずれも武勇に優れているのに、清盛の孫以降はきわめて柔弱になってしまった。それは、いずれも公家殿上人を嫁あるいは女院に迎えることにより、「優しい公達《きんだち》」のごとくなってしまい、関東の荒武者から滅ぼされた。

また、室町の足利《あしかが》家についても、足利義満《よしみつ》以降、歴代の将軍を調べてみると公卿《くぎょう》や門跡《もんぜき》の坊官《ぼうかん》の娘ばかり。

それに対して源頼朝の妻北条政子が賢婦人であったことはよく知られているが、政子なくして後の北条家もなかったであろう。

また、北条家九代はいずれも立派であるが、これもまた家庭の教育と夫人の内助の功が大きいのであるが、いずれもしっかりとした武士の娘であった。（参考：『女子之友』第一〇六号「日本女子勢力史の一節」明治35年1月　モラロジー研究所廣池千九郎記念館蔵）

このように述べているのです。

簡単に言えば、平家や足利家が政略のためか、公家や皇族の女性を重要な地位として迎えることによって、本来、武士のあるべき姿を失ってしまい、文弱になっていったことが滅亡の原因であり、その点、北条家は武家の娘のなかでも、これはというような女性を迎えていたために九代も続いたのだ、というわけです。

また、安岡正篤は、江戸時代が約２６０年も続いたのは、ひとえに武家の女性が立派であり、その武家における女性の躾が女子教育として一般家庭にも浸透していたからだ、という見解を示しています。

「元来武士階級は鎌倉時代から、女子教育に力を入れていましたので非常によい教育が行われておりました。徳に徳川時代には、これが成功し、実に頭のさがるような女性があらわれました」（『易と人生哲学』致知出版社）

こうした江戸時代まで受け継がれた武家の女子教育は、明治維新後は女子修身教育に引き継がれていきました。欧米列強と肩を並べていくことを主眼としていた明治政府の方針のもとで、文明国における女子教育が取り入れられてはいったものの、鎌倉時代から江戸時代という長きにわたる歴史のなかで培われた基本は、いちおうは守られていたのです。

このような女子教育が失われ、女性の権利や個人主義が導入されれば、早晩、日本の国体は崩れていくだろうと予見していたのが、女子教育の先駆者である下田歌子《しもだうたこ》です。

下田歌子は岩村藩の武家の娘として生まれ、明治時代から昭和初期まで女子教育、特に修身教育に生涯を尽くしました。

歌子は当時の女性としては珍しく、欧州におよそ2年も滞在し、欧米の女子教育の実態や、女性の社会におけるあり方を目の当たりにしています。

その結果、「外国の男性は皆、日本女性がなぜこうも立派なのかと不思議に思い、羨んでいるほどなのに、もし、西洋式のフェミニズムだとか個人主義が導入されれば、柔和で献身的で慎ましい日本女性の美徳はいずれ失われ、それが社会全体を不安定にしていくことだろう」という考えに至ったのです。

この歌子の見解は明治末期のものですが、少なからずあたっていると思わざるを得ません。

フェミニズムと個人主義が日本女性を幸せにしたのならまだしも、必ずしもそうではないといっても過言ではないでしょう。

生き方を自由に選択できるのは素晴らしいことですが、同時にそれはいかなる生き方をすればいいのか迷いやすくすることをも意味します。

その迷いを解決するのは指針ですが、「女性としてかくあるべし」という教えがほぼ失われたに等しい現在、指針をもたないまま不安に生きている女性が大半と言えるでしょう。

女性がしっかりと地に足を着けて生きていないと、男性もまた生きづらくなってしまうものです。

いったいどこまで気を遣えばいいのかということにもなっていくのもわかります。

そこまで気を遣わせないよう、しっかりと自分を持っている女性に育てるのが武家の女子教育であったといえるかと思います。

現代の男性は、なかなか難しい時代を生きているといえるでしょう。

五章

人生は心しだい
——浮き世を達観せよ

思い通りに行かぬのは
思い通りにしようとする己があるからだ。
我を去れ。とらわれるな。
苦をもたらしているのは
己自身であることを知れ。

三十八

非道理の中に道理あり、道理の中に非道理あり

人に知られずとも善行を積め

人生には思うに任せぬ事が少なくありません。どうしてこんなことになってしまったのか、というようなことが誰にでも起きます。しかし一方で、人生は自分次第だということができます。

それは、何もかも自分の思い通りになるという意味ではありません。同じ物事でも角度を変えて眺めてみれば、まったく別のかたちが見えてきます。のみならず、思いがけず真理を発見することにもなるのです。

その時は「最悪の事態だ」と頭を抱えたのに、後から振りかえってみると、「むしろあのようなことがあったからこそ今があるんだ」と思えることなどいくらでもあるはずです。

それがわかれば、たとえ辛く苦しい出来事であったとしても、何か意味があるはずだ、この苦しい出来事こそがよい結果の前兆に違いないとさえ思えるようになるのではないでしょうか。

すべて天の意

道理にかなうと思われることのなかに誤りがあり、誤りとしか思えないのに道理にかなうということがある。これをよくよく心得ておくがよい。

道理の中の誤りというのは、どれほど自分が正しいと思われても、それを貫かねば生涯を失ってしまうほどのことはなく、逆にそれを貫くことによって他者が一生を失うようなことになってしまうことを、そうしたこともわからず自分が正しい、これが道理だというとすれば、それを道理の中の誤りというのである。

そして、誤りの中の道理というのは、それ自体は間違ったことであっても、あえてそれを表に出さずに人を助けた場合、これを誤りの中の道理という。

このように心がけて、世のため人のために尽くせば、それを見聞きした人は信頼を寄せてくるものである。また、そうして助けられた人はどれほど喜ぶかしれない。

たとえ周囲の人々も心を向けず、また助けられた人も大して喜ばなかったとしても、天はこのような行いを愛し、この人生を守り、後世までも助けてくださるだろう。

何が正しく、何が間違っているのか。道理とは何か。

私たちは皆、それぞれ真剣に自問自答しながら、できるかぎり道理に適う正しい判断をしようと努力します。

にもかかわらず、意見が分かれ、互いに譲ることができず、それまで築いてきた信頼関係までもが、時として崩れてしまいます。

もし、相手を説き伏せ、こちらの思い通りにすることができたとしても、嫌な後味が残り、諸手を挙げて喜ぶことができないものです。

間違っていない、これが道理だ、慎重に判断して得た結果なのだから仕方がない。

恐らく誰もがそう自分に言い聞かせ、納得させて、とりあえず前に進んでいくのでしょう。

何が正しいか間違っているかは、立場の違い、時代の違い、風習の違いなどで、いくらでも変わります。

それに対して「道理」というものは、心のどこかで、無意識に「絶対的なもの」と思ってはいないでしょうか。

道理のなかに非道理がある。道理の中に誤りがある。

この重時の言葉を、深く味わいたいものです。

慎重に慎重を重ねた結果であったとしても、自分が道理と思えることを貫くことによって、誰かが傷ついてしまう。それが原因となって、その人の人生が著しく変わってしまうようなことになるのであれば、たとえ道理といえども誤りである。

その逆も然りで、誰が見ても間違ったことをしている人を、断罪するのではなく助けた場合は、誤りではあるが、実はそれが道理となる。

罪を憎んで人を憎まずということでしょうか。

このようなことを行うためには、自分の信念を曲げることにもなります。自分で自分を曲げるのですから、ともすれば予想だにしない不運が起きること以上に辛いはずです。

しかしそうすることが、人のためとなり、世の中のためになるのであれば、すべて自分が飲み込め、ということでしょう。

重時の時代から約４００年後の戦国時代を生きた智将・黒田官兵衛《くろだかんべえ》（如水《じょすい》）の教えとされる「水の五訓」には、

一、自らを潔うして他の汚濁を洗い、しかも清濁併せ容れるは「水」なり

という一節があります。

重時の「それ自体は間違ったことであっても、あえて人を助けよ」という言葉と符合するといってもいいでしょう。

重時は33歳から17年間という長期にわたり、故郷の鎌倉を離れ都で六波羅探題を実質指揮していたことはすでに述べました。

その際、在京人を統制し、また、相次ぐ寺社紛争の早期解決をはかるなど政治的な手腕を発揮しています。

六波羅探題は重時の頃から裁判所としての機能も併せ持つようになり、重時は人を裁く立場としての任務も果たすようになっていったのです。

そうした中で、ともすれば過失を表沙汰にすることなく、重時自身が飲み込んだこともあったのかもしれません。

これを表沙汰にした方が、かえって世のためにならない、ここは過失を犯した者を助けておくべきだ、と。

あとの判断はすべて天に任せてしまったのでしょう。

自分のしたことが天の意にそぐわぬことであるのなら、何らかの罰が下るはずだ。そうすれば、それを甘んじて受け入れ、二度と同じ事を繰り返さないよう反省するのみ。

天罰というと悪いことのように受け止められますが、いうなれば親が子を叱るようなもの、子を愛するがゆえの怒りと同じです。

困苦が与えられるのも、力強く生きていくための訓練、修行のようなものなのでしょう。

三十九

良いこともあれば悪いこともある

人生は悲喜こもごも

良いことも悪いこともあるのが人生だ、ということは、誰でもわかっていることです。でも、わかっていたとしても、人の心というのはどうしようもなく揺れ動くものです。

苦しみをもたらしているのは我が心

何事も良いこともあれば、また悪いこともあるものだ。悪いことのあった時は、また良いこともあるだろうと思って、心を慰めておくように。

生まれる喜びがある一方で、必ず死す悲しみがあるものなのだ。このことをよく心得て尽くせば後世も良きことがあるだろう。

嬉しいことがあれば誰だって喜びます。喜べるようなことばかりであったら、どれほどいいだろうかとさえ思います。

逆に辛いことがあると、どうしてこんなことになってしまったのだろうかと悲しみ、落ち込みます。

心というのは常に揺れ動いており、とりわけ嬉しいこと、悲しいことがあったときは、その揺れが激しくなります。

この「揺れ」こそが、私たちを苦しめている原因ではないでしょうか。悲しく苦しい出来事そのものよりも、それに反応して大きく揺れた心そのものが苦しみをもたらしているのです。

「悪いことがあったら、また良いこともあるだろうと思って心を慰めておけ」というのは、激しく揺れ動く心を少しでも抑えるための方策なのでしょう。

一方で、悲しいからと人に慰めを求めるのではなく、自分で自分を慰めておけ、ということもいえるのではないでしょうか。

誰かに悲しみを受け止めてもらえるのはありがたいことです。けれど、それができる立場にある人と、そうでない人とがいます。

重時は権力の座における中間的立場にありました。部下でもあり、リーダーでもあります。

幕府と朝廷の折衝を行い、執権の指示を仰ぎ、その指示を実行するために部下を取り仕切るのです。誰に打ち明けることもできない苦難を抱えていたことも、数知れなかったでしょう。

今でも黙って耐えるしかない立場にある人はたくさんいるはずです。

弱音を吐きたくても決して吐くことができない。怒りや悲しみ、戸惑いを表に出すことにより、不安な空気が全体に広がれば、それこそ悪い結果を導いてしまうことになりかねない。

部下を持つということは、そういうことでもあるのでしょう。

古来、武士が武芸を磨いたのは、体を鍛えることが心の鍛錬にもなるからでした。わずかなりとも屈強な心を日々はぐくみ、心の動揺を抑えて表に出さないように努めたのです。

また一方では、物事に執心しないための修練でもありました。武芸には勝負がつきものです。相手を勝ちまかしたからといって、勝利に固執しないようにしました。

勝っていい気になれば隙ができ、その隙を突かれれば負けです。一瞬で決まる勝敗に、一喜一憂している暇はありません。

そうしているうちに、実はとらわれない心、固執しない心を育むことになっていったのでしょう。

木の葉がひらひらと裏表を返しながら風に舞うように、喜びも悲しみも表裏一体となって流れて行くのが人生。

そういうものだと心得て、何ごとにも尽くしていけよ、ということでしょう。

四十

盗まれても不自由しないならそのままにせよ

許す者が許される者

重時は単に生真面目で慎重というだけでなく、常に寛大であろうと努めていたようです。

往々にして真面目すぎる人、慎重な人というのは胸裡が狭くなりがちです。きっちりしておきたいという気持ちが強すぎて、許容範囲が限られてしまいがちなためでしょう。

重時も、もともとはそうだったのかもしれません。しかし、比較的若い時分から要職に就き、その苦労があったせいなのか、そういう本来の性格を変えたのかも知れません。

もっとも、幼い頃に母と別離しなければならないうえ、始終、武家や公家の興亡に接していたため、元来の優しい性格が、さらに発展して慈悲深くなったとも考えられます。

水に流すという美徳を忘れるな

人に物を盗まれることがあっても、さほど困らぬようであれば表沙汰にすることはない。些細なことで人を罪に追いやって、その者の生涯が失われるようなことになれば、後世になって因果がわが身に降りかかることにもなろう。

これはちょっと聞き入れられない、と思われても仕方ない教えです。盗みは犯罪でしょう、と、当然思います。

が、案外、私たち現代人は普通に行っているのではないでしょうか。「お金を貸すときはあげるつもりでやれ」ということはしばしばいわれます。貸した本やDVDなどが返ってこないこともめずらしくありませんが、まあいいか、と、私などはそのままにしてしまいます。重時がいうように、さほど困らないからです。

この教えからは、むしろ人を許すことの大切さ、つとめて寛大であろうとすることの重要さを学びたいと思います。

50歳で18年ぶりに鎌倉に帰った重時は鎌倉幕府第五代執権・北条時頼の連署《れんしょ》に就任します。連署とは補佐役のことです。

名実ともに北条家の重鎮となった重時に従う者は多く、そうしたことからまだ二十歳そこそこの時頼に代わって実質上の政務を行っていきました。

その連署に就任して間もなくのことです。重時は、承久の乱のことで、賀来維綱《かくこれつな》と妙念という僧の裁判を行いました。

維綱が「承久の乱の時に妙念が京方に味方していた」ということを訴えたのです。そのくせ今はしゃあしゃあと幕府におもねっているではないか、というわけです。

この訴訟についての、幕府（つまり重時）の判決は、「既に過ぎた過去のことだ。今更取りざたすることではない」でした。早い話が、時効というわけです。

妙念が京方についていたことは、重時もわかっていました。

しかし、すでに承久の乱から27年も経過し、首謀者の後鳥羽上皇《ごとばじょうこう》をはじめとする直接関係者は世を去っているのです。しかも、後鳥羽上皇は、この訴訟が起きる前年に、鎌倉で慰霊のために祀られました。

もはや戦後ではない。と、宣言したともいえます。

新たな時代を築いていくためにも互いに許し合い、和合し、忌まわしい過去を水に流していこうではないか。

この判決からは、このような重時の想いや願いが感じられます。

日本人は「恩を石に刻み、仇は水に流す」と教えられてきました。御恩は決して忘れてはならない。しかし、恨みや怒りを抱くような出来事はさっさと水に流そうではないか、ということです。

こうして人を許そうと努力するのは、「この命は賜ったもの」という認識があるせいかもしれません。

私たちには星の数ほどの先祖がいますが、そのどれか一人でも欠けていたら、生まれていなかったかもしれないのです。そこまでいかずとも、両親のどちらかがいなければ、存在していません。

生まれようと思って生まれてきたわけでもありません。ゆえに、子どものことを「授かりもの」といい、命は賜ったものと考えるのです。

奇跡的に賜った命だというのに、それに対して感謝して生きているかどうかと問われれば、そんなことはほとんど考えもせずに生きているのが現実です。恩知らずと言えば恩知らずです。

でも、そんな恩知らずが、許されて、こうして今日も生かされている。

許されて生かされているくせに、どうして人のことが許せないのか。それはあまりに傲慢ではないか。

天が自分を許してくれているように、人のことを許しなさい、というわけです。

それができずに人を追い込んでいると、ついには天が許さないことになるだろう。重時のいう「因果がわが身に降りかかる」とは、こういうことなのでしょう。

四十一

人を侮るようなもの言いをするな

立場ある者ほど自らを低くせよ

重時の弱い立場に対する視線のあたたかさは、特筆すべきものがあります。

本書ではとりあげませんでしたが、家訓のなかに「虫や小動物など、どんな生き物であっても同じ命だ。むやみに殺生してはならない」といった教えがありますし、「百姓が育てた農作物をやたらと搾取してはならない」という意味のものもあります。

連署となった重時は、名主や百姓たちの出訴の機会を増やす方針を採っています。弱者救済の施策とも称されており、すでに鎌倉時代において、現在の福祉に匹敵するような民主的な幕政が目指されていたことを伺わせます。

こうした一般庶民に対する施策は、すでに六波羅探題のころにその萌芽が表れていました。ある地頭の百姓に対する非法・狼藉《ろうぜき》を厳しく取り締まり、停止させたのです。

まさに、「弱きを助け強きを挫《くじ》く」といっていいでしょう。

おそらく重時は、極貧の者に対しても丁重に接したのでしょう。それがこの教えにも表れています。

相手によって態度を変えるな

どれほど風采の上がらない、見ている方も恥ずかしくなるような部下が相談がしたいとやってきた時には、どうぞどうぞと承るように。相手にもよるが、人の足元を見るような気のない言い方をしてはならない。

遥か下部の者が来た時には、状況に応じて酒を飲ませるのもよし、そうすることで仕事も勇んでくるだろう。

もとは「所領の田畑の事で、見るからにみすぼらしい身なりをして、それを恥じ入りながらも、相談がしたいといってやってくる者があれば、これへこれへといってあげてやるがよい」という内容です。重時ほどの地位にあれば、極貧の百姓が屋敷を訪ねていくことは難しかったろうと思いますが、何らかのかたちで接触をしていたものと想像します。

今でいえば社長室を入社したばかりの平社員が臆しながらも訊ねてきた…といったところでしょうか（もちろん秘書に追い返されて終わりでしょう）。

どんな人に対しても変わらぬ態度をとるべきだということは、たいていの人がわかっていると思います。が、頭でわかっていたとしても、問題は実際にどれほどできているかということです。

立場の差といえば、その最たるものが天皇皇后両陛下と私たち一般庶民といえるかと思います。

雲の上の人のなかでも最上位にある天皇皇后両陛下の、一般庶民に対する接し方はどうでしょうか。お優しく振る舞われ、お言葉を下さる際にも極めて気さくに話しかけてくださることは、誰もが知るところです。

天皇皇后両陛下と接することのできた人は、おしなべて感激し、中には生きる力をいただいた、などという人もいるほどです。

それは天皇陛下だからそうなのだ、と、言いたいところだと思いますが、そうではなくして、私たち日本人には、このようにありがたい生きたお手本があるのだと受け止めて、わずかなりとも近づくことができるよう努力することが大切なのではないでしょうか。

重時は、さらには状況に応じて酒でも振る舞えとまで述べています。自分がどれほどみすぼらしい身なりをしているかなど、当の本人がいちばんわかっています。だからこそ、そういう自分に身に余るような接し方をしてくれたとなれば、それこそ恩を感じるに違いありません。

熱心に仕事をしてほしいと願うなら、自分から下座まで降りていけ、というのは重時の一貫した姿勢です。

四十二

物事をやかましく論議するな

無益な争いほどばかばかしいものはない

およそ無益だと思われるような争いを延々と続けているのを目にすることがしばしばあります。

もっとも、当人たちにしてみれば無益どころかおおいに有益なのでしょう。既得権益にしがみつこうとすれば争いは避けられない。そういう世界が当たり前として生きていれば、当然のことと思っても仕方ありません。

重時が京都にいた時代は、神社仏閣の紛争も日常茶飯事とまではいわずとも、かなり頻繁に起きていました。なかでも石清水八幡宮《いわしみずはちまんぐう》と興福寺《こうふくじ》の対立は、権門《けんもん》寺社による大規模紛争の代表的なものです。

もっとも、結果的に大規模にはなりましたが、発端は用水についての論争でした。双方一歩も譲らなかったために、闘争にまで発展したのです。

重時は朝廷や幕府と連携しながら、対応に奔走しました。

朝廷からの出兵要請を受けると、六波羅探題の配下になる武士たちを終結させ、興福寺衆徒の暴発を防ぐために進発させました。治安維持軍を発動させたのです。

重時の早急かつ実質的な対応により、石清水八幡宮は甚大な被害を受けることにはなりませんでした。

石清水八幡宮と興福寺の例に限らず、多くの抗争や紛争がもともとは些細なことが原因であったに違いありません。温和な性格の重時からすれば、なんでこんなことで、と言いたかったかも知れません。

何を言われようと、飲み込んでおけば済むことなのに、と。

勇気ある者は常に穏やかなものだ

人がどういうことを言おうとも、それに対して論ずるようなことがあってはならない。そんなことはくだらないことで、ひと言で言えば無駄だ。

そうしたことをよそで聞いた人などは、つまらぬ議論をする奴だと不快に思うだろう。

返す返すもたいしたこともない事を論ずるでないぞ。

ここでの「論ずる」とは、真面目でまっとうな議論ではなく、日常のなかでの、ちょっとした言い合いのことも含みます。

言われた内容によっては、黙ってはおれない、ここは反論しておかねば、という場合もあるでしょう。

しかし重時は、そういう場合も論ずることはないと述べているものと思われます。

実際、虚しく終わることは少なくありません。重時の言うとおり、まさしく無駄です。

それに言われたことが間違ったことであるのなら、考えようによっては、なおさら反論しなくてもいいのです。なぜなら、いずれは本人が間違っていたと気づかざるを得ない時がくる場合がほとんどだからです。こなかったとしても、こちらが間違っていないのであれば、言わせておけばいいだけのことでしょう。

武士道における「勇気」とは、一見、猪突猛進的なイメージがあるかも知れません。しかし、真の勇気とは、そうしたがむしゃらなものではなく、むしろ穏やかでさえあるのです。

新渡戸稲造は『武士道』において、武士の勇気について、さすが的確に表現しています。少し長いのですが、参考になることこの上ないので、以下に引用することとします。

勇気の精神的側面は沈着、すなわち落ち着いた心の状態となって表れる。大胆な行動が動態的行動であるのに対し、平静さは静止の状態での勇気である。真に勇敢な人間は常に穏やかである。決して驚かされず、何物にもその精神の均衡を乱されない。

そのような者は戦場にあっても冷静である。破壊的な大惨事のなかでも落ち着きを保つ。地震にも動揺せず、嵐を笑うことができる。死の危険や恐怖にも冷静さを失わず、たとえば迫りくる危機を前にして詩歌をつくり、歌を口ずさむ。（『武士道』ＰＨＰ文庫）

これを読み解くと、勇気は忍耐と密接な関係にあることがわかってきます。忍ぶことができる者が真に勇気ある者なのです。

新渡戸稲造は、このような人こそ偉大な人と賞賛され、いつ如何なる時でも心の乱れを見せないことは、心の広さであり、「余裕」であるとしています。

慌てず騒がず、さらに多くのことを受け入れる余裕がある。

気に入らないことを言われたくらいで、反論せずにいられないのは、それだけ余裕がないのです。心に受け入れる余地がないから、突っぱねずにはいられない。

人に何を言われても、ああそうかと受け入れて、流していけるようになりたいものです。それにはどうしても忍耐が必要です。

そして、忍耐こそが、真の勇気に繋がっていくのです。

四十三

貪欲な心は地獄からの使者

欲に振り回されるな

欲というと仏教における五欲煩悩が想起されます。

人間には五つの欲がある。その五つとは、わかりやすい言葉に置き換えれば「色欲」「食欲」「睡眠欲」「名誉欲」「金銭欲」ということです。睡眠欲とは、「楽をしたい」「サボりたい」ということです。

仏教における戒は、こうした人間の欲を戒めるものです。また、修行は悟りを開くために行われているとされますが、それは、欲に打ち克つだけの自分を練り上げる、鍛錬していくということでもあるのでしょう。

家訓の第一に「朝夕神仏を拝しなさい」と教えたことからもわかるように、重時は神仏を篤く敬い、特に法然による念仏を心の拠り所にしていました。

重時は貪欲な心についても述べています。「欲を貪る心」ですから、行きすぎた欲、度を超した欲といったところです。

最も見失いやすいのは自分

人は誰でも貪欲な心を持っている。わが身を貪欲な心のままに任せてしまってはならない。貪欲な心とは地獄の使者だと思えばいい。貪欲な心に誘われるがまま流されていくと、気づけば地獄に落ちているものだ。

「欲」という言葉が使われる際、現在においても、どちらかというと悪いイメージを少なからぬ人が抱きます。私はそれを、「日本人だから」だと思っています。

重時の家訓に見られるような精神性は、徐々に一般庶民にも浸透していき、戦前の日本人は世界的レベルからすると、著しく高潔でした。家庭教育であれ、学校教育であれ、さまざまな事例や、ありとあらゆる表現を通じて、欲深い態度は恥ずかしいことだと暗に教えられてきたのが、日本であるといえるでしょう。

しかし「欲」そのものは、決して悪いものではりません。あって当たり前のものです。むしろ、五欲煩悩とか欲というのは、生きるエネルギーであり、もっと言えば、この肉体（あるいは心身）そのものであると言うことができるのではないかとさえ私は思っています。肉体をもって生きているということがそのものが五欲煩悩だということです。

しかし、それが貪るほどの欲、度を超した欲となってしまうと、大切な心身を傷つけ、したがって生きるエネルギーをも失わしめる結果になってしまうのです。

暴飲暴食が過ぎて健康を害する、名誉にしがみつくあまり不正をしてしまう。金銭欲しさに盗みを働いたり、過ぎた色欲のため性犯罪に走る……。

犯罪の域にまで達してしまったら、確かに「気づけば地獄に落ちていた」ということです。「最初は軽い気持ちだった」とは、罪を犯した者の常套句です。

では、どうすればいいかということです。

欲が貪欲とならないためには、欲をコントロールすることでしょう。

欲をコントロールするには、常に自分を客観的に見つめることです。あたかももう一人の自分が、自分自身を見ているかのような状態を、常に心のどこかに持つのです。

もう一人の自分が冷静な目で自分を見ていれば、「食べ過ぎてるな」「酒を飲み過ぎてるぞ」、「サボろうとしているな」ということがわかります。

わかったならば、「そのへんでやめておけ」と自分を制します。過ぎたるは及ばざるがごとしであるということ、足るを知るということ、いずれも重要です。

ただし、これは「言うは易し行うは難し」といえるでしょう。

そのため武士は質素倹約を目指し、あえてストイックな生活をしていたものと考えられます。

生活を極めて質素に、簡素にしていくことは、あるいは鎌倉時代に伝わった禅宗の影響もあるのでしょう。

重時自身は法然上人の浄土宗に帰依していますが、時頼は禅宗を重んじました。鎌倉五山第一位の建長寺《けんちょうじ》は、時頼が蘭渓道隆《らんけいどうりゅう》禅師を南宋より招へいし、建立されたものです。

当時、京都の多くの寺院が、それこそ名誉欲や金銭欲のために権力争いをしていたなかで、衣食住すべてにおいて極限まで簡素化されていた禅宗のあり方に賛同した武士は多く、こぞって参禅したといわれています。

興味深いのは、遥か下って江戸時代になると、武家が浄土宗ないしは禅宗であるケースが散見されることです。ついでながら、私の実家も菩提寺は禅宗（曹洞宗）で、坐禅にはそれなり馴染みがあります。

坐禅をしていて感じるのは、無の境地などにはなかなかなれないということと、しかしながら、たやすくもう一人の自分を持つことができるということです。

ただ静かに坐す時間は、自分と向き合い、自分の心を見つめる時間にもなります。これがひいては、もう一人の自分の目、自分を客観視する習慣につながっている…というのが私の実感です。

近年、ビジネスマンの間でも坐禅は静かなブームとなっています。

雑多な日常を離れ、無駄を極力そぎ落とした静寂のなかに身を置くと、心が落ち着いてくるのでしょう。

心が落ち着くと見えてくるのは、いかに自分がつまらぬことでイライラしたり、愚痴を言ったり、振り回されていたかということです。落ち着いて考えてみれば、なんだ、どれも取るに足らないことだったじゃないか、ということがしみじみとわかってくる。

心が、すこし広がる、といっていいのではないでしょうか。

空の広さを思い出すのによく似た感覚です。

大海原や広い空を眺めれば、小さな自分を感じます。小さな自分とは、小さな事にこだわっていた自分です。

そして次には、そういう小さな自分を離れたら、心というのは、なんと目の前に広がる空や海と同じくらい、いいや、無限に広いものだったじゃないか、ということに思い至る。

前項で、武士道における勇気について新渡戸稲造の言葉を引用しながら説明しましたが、そこでも心の広さ、「余裕」ということを述べました。

気づけば貪欲の餌食になっている、欲に振り回されているのは、勇気が足りないということにも繋がるのです。

貪欲なあまりに地獄に落ちるほどのことをしでかしてしまうのは、己を制する勇気が足りないということなのでしょう。

同じ欲を抱くのなら、もっと広い世界を目指し、世のため人のため、国家のため世界のためにという崇高な願い、大欲を抱いて生きていきたいものです。
大欲を持つことは、目先の小欲に振り回されずに済む、最も適切な手段でもあります。

四十四

嘆かわしいことが起きても歎き悲しむな

すべて受け入れろ

仏教が武士道に与えたものは、死生観であり無常観といえるでしょう。新渡戸稲造はこれを次のように表現しています。

仏教は武士道に運命を穏やかに受け入れ、運命に静かに従う心をあたえた。具体的にいうならそれは危難や惨禍に対して、常に心を平静に保つことであり、生に執着せず、死に親しむことであった。（同）

少しわかりにくいかも知れませんが、重時の次の教えは、まさに「運命を穏やかに受け入れ、運命に従う心」の実践ということができます。

嘆いたところで事態は改善しない

まったく思いも寄らぬ事や、不慮の事態など、嘆かわしい事が起きた時にも、やたらと嘆き悲しむべきではない。これも因果で何らか意味があるに違いないと思うようにせよ。あまりに嘆いてばかりいると、かえって心が荒んでくるぞ。

日本は自然災害の多い国です。今も南海トラフ地震が案じられていますが、近ごろは地球環境の変化に伴い歴史的な豪雨や巨大台風に襲われることも多くなってきました。

重時はちょうど還暦の頃に鎌倉大地震を経験しています（1257年8月23日）。また、六波羅探題就任の翌年に、諸国大飢饉が起きており（寛喜《かんぎ》の飢饉）、鎌倉に戻って5年目の55歳と、出家してほどない61歳でも諸国飢饉を経験しています。

道ばたで倒れ、そのまま餓死する人の屍があちこちにあり、死臭が漂うような状況に、慈悲深い重時がどれほど胸を痛めたかしれません。

一方では、嫡男を早くに失っています。

最初の正妻との間に生まれた為時《ためとき》は重い疱瘡にかかり後遺症がありました。それも精神疾患を伴ったようで、重時はやむなく跡継ぎから外しました。これが原因で夫婦関係もぎくしやくしてしまい、別居となりますが、事実上の離縁とみていいでしょう。その後、為時は若くして世を去っています。

自分より後から生まれた子が先に逝く。親としてこれほど辛いことはありません。まして嫡男だったのです。その嘆きもいかばかりであったかと思われます。

これも何か意味がある。そう思うほかない。嘆いても仕方ない。

重時は、自身の経験をふまえて、このように説いたのです。

そして、重要なのは、嘆いてばかりいると心が荒んでくるぞ、という忠告です。

悲しいことが起きた時に、悲しむのは当然です。それが自然な心の動きです。むしろ悲しみのなかに自分から飛び込んで、悲しみを自分のものにしてしまったほうがよいのでしょう。

それは、目の前にある料理を食べてしまうことと似ています。飲み込んで、消化してしまうのです。そうすれば、嘆き悲しむような出来事は栄養となって、人間的な成長をもたらしてくれるでしょう。

いつまでも目の前のお皿に悲しみを置いたまま、それしか見えなくなるのは、欲に溺れて我を失うのと同じです。

そうならないためには、悲しんでいる自分を見失わないようにすることでしょう。

ああ、今、私は悲しくて泣いているな。

泣いている自分を、もう一人の自分が見つめている。そして、悲しくて泣いているはずが、いつの間にか悲しみに酔って泣いたりしていまいかと、注意深く観察するのです。

これが、心を曇らせない方法、心を荒ませない方法ではないかと私は思っています。

第一章で、すべては無常だと重時は教えています。

すべては流れ行くもの、ひとつとして留まるものはない、というのが無常です。

無常というと、何か虚しく寂しいような気がするかも知れませんが、悲しみさえもいずれ流れ行くのだと思えば、虚しいものでも、寂しいものでもないということがわかります。ただ、流れていく、という事実があるだけです。

そして、どこに流れ着くのかは、その時はわかりません。いずれわかるかもしれないし、もしかしたらわからないかもしれない。

それはそれで良いではないか、くらいの気持ちでいることでしょう。

嘆きや悲しみに限らず、運命を受け入れ、その中に飛び込んでいくことは、自分の意志と力で切り開いていくことにもなるのです。

六章

人生をまっとうせよ
——至誠がすべてである

人生は夢のごとく儚い。
つまらぬ執心を捨て日々誠実に生きよ。
身は朽ち果てようとも
懸命に生きた一瞬は
永遠のきらめきとなる。

四十五

年齢ごとに自覚と目標を持て

人生をうかつに過ごすな

人が自分の存在を意識するのは、何歳くらいからでしょうか。

自分は確かにこの世に存在しているという実感。それは翻って言えば「死の発見」ということにもなります。

事故や重篤な病気で死の瀬戸際を経験した人は、おしなべて異口同音に生を実感したと語ります。

してみると、私たちは案外、なんとなく生きているといっていいのではないでしょうか。

それは、誰も生まれようと決心して生まれてきたわけではないからです。せいぜい、気づけば自分がいた、という程度のことで、それさえ考える人は希でしょう。

よく知られる『葉隠《はがくれ》』の「武士道といふは死ぬことと見つけたり」という一節は、「死」を自覚することの重要さを教えているというのが私の揺るぎない認識です。

死をはっきりと自覚することによって生きている自分をはじめて実感することができる。しかしその死はいつ訪れるかということはわからない。それは神のみぞ知ることで、ある日突然、まるでブツリと途切れるようにして人生の終わりを迎えるかもしれない。

ゆえに、朝起きたら、その日生まれたような気持ちで過ごし、夜は死の床に就くようなつもりで眠る。

一日一日が人生であるということが、やがてわかってくるのです。自分が生きて存在しているという実感は、こうしたところから確かなものとなってくるのでしょう。少なくとも私は自分自身の経験から、このように思うわけです。

さて、生きて存在しているということを実感すると、いかに生きるのかということが次なる大問題となってきます。

自分は何者なのか。この人生は何のためにあるのか。

古今の哲学者が取り組んだこの普遍的な問いかけに、自分なりの答えを見いだそうとするのが人生ともいえるでしょう。

つまり「いかに生きるか」ということを求め、生き方の指針に従って日々生きていくうちに、どうやら自分はこういう者らしいな、とか、こういうことを成し遂げるためにこの人生があるらしいな、ということがだんだんとわかってくる。

　それがわかってくると、肉体的な欲求を満たすことよりも、精神的な充足を求めるようになり、おのずから私欲は薄れ、より公の心でもって生きることに喜びを感じるようになります。

　そうなると人生の日々は加速度的に充実し、多少の艱難辛苦ではへこたれないようになる。

　しかしたいていの場合、ここまで至ったときには、それなりの年齢になっているものです。

　こうしたプロセスをいかに経ていくのか、重時は極めて具体的に教えています。

大切なのは節をもって生きること

二十歳くらいまでは、何事も人並み程度の教養を嗜んでおくように。30から40、50までは、ひたすら仕え部下を育て、同時にわが身の修養に努め、心正しく、己を戒め律して、正道を旨とせよ。
さて60にもなれば、何事をも打ち捨てて、後生大事を念仏祈願せよ。そのくらいの歳になると、子を失い子孫を絶やすようなことがあろうとも、浮き世に心をとらわれずに、それがいよいよ自分を磨き上げるものと思って、もはや自分はこの世に亡き者と覚悟して、すべての欲を断ち切るつもりで生きるように。

これは重時の人生そのものでもあります。重時は二十歳くらいまでは周囲の大人たちにいわれるままに、武芸を磨き教養を積みました。なかでも和歌は好きだったようです。ちなみに52歳の時に『現存和歌六帖』に10首も入選されています。若いときから嗜んできた結果の慶事でしょう。

そして、30歳から50歳くらいまでは、とにかくひたすら働き、部下の育成にも励む。年齢を経て地位が上がれば責任はさらに重くなり、部下も増えていきますから、壮年時代は人生でも最も踏ん張り時だということでしょう。

重要なのが、自分自身の修養です。人間としての徳を磨くことに対する努力を怠ってはならない。常に自分を律して、公明正大、正直に、そして誠実でなければならない。

そうしなければ、とてもではないけれど部下を育てることなどできない、ましてや取りまとめていくことなどできるわけがない、ということでしょう。もちろん上司の信頼を得ることも困難になるのはいうまでもありません。

六波羅探題として17年もの歳月、身を粉にして奉職した重時の、経験に基づいた確固たる教えです。この六波羅探題時代があったからこそ、50歳で鎌倉に帰ってからの約9年間があるといえます。

人には寛大に、自分には極めて厳しく、地道に忍耐強く些細なことをも誠実に積み重ねていった結果、事実上トップに上り詰めたのです。

しかし、ここで施政の実権者として甘んじることはありませんでした。重時は執権時頼とともに、民衆がいかに安心して暮らしていくことができるかという「撫民《ぶみん》」の考えを取り入れた政策を次々と打ち出し、新たな時代を築こうとしました。

その実現には、朝廷や幕府はもとより御家人の理解を得なければならず、重時がより一層、自分を厳しく律していたことが容易に想像できます。

鎌倉幕府の幕政は、ここに安定を見るに至りました。もはや重時の評価は揺るぎないものとなっており、まさに安泰というところです。

しかし、重時は還暦を前にした59歳で、あっさりと権力の座から去りました。すでに時頼も執権として十分独り立ちできるようになっており、もう大丈夫だろうと判断したのでしょう。

言葉通り、私欲にしがみつくことなく、何事も打ち捨てたのです。仏道に入り、念仏祈願に生きたわけですが、これは今で言えば、第二の人生を利他の心で生きるということでしょう。

ボランティアで若手の育成に力を注ぐ人や、さまざまな福祉活動を行う人。現在でも定年退職を機に出家した人もいます。

何を行うかは人それぞれですが、こうしてみると、重時が述べる年代ごとの生き方は、今でも通用しているようです。いつまでも利権にしがみつくような生き方をするのは美しくないという感覚を、今も少なからぬ日本人が持っているひとつの証でしょう。

もっとも、今後さらなる高齢化社会となることを踏まえ、生涯現役を唱える人も少なくありません。隠居して若手に譲れという人と、経済を支えるために働けるうちは働けという人と、分かれるところです。

どちらもあっていいのでしょう。

生涯現役で働くのも、今の時代は必要なことであると考えます。その場合も、重時の「60歳からはすべてを投げ打て」ということを念頭に置くことではないでしょうか。主役はあくまで若い者たちだという謙虚な姿勢が後進を育てていくに違いありません。

そして今まさに現役働き盛りの30〜50代は、そうした先輩方の姿からおおいに学び、自己修養と部下の育成に役立てることでしょう（中には反面教師としての学びもあるかもしれません)。

年代によっての生き方を考えることは、人間関係における縦の関係をも慮ることにもなるのです。

四十六

誠実な者は心の明るい者、運を開く者

みずから光となり道を拓け

人間の明るさというものは、どこからくるのでしょうか。

これは性格的なことを言っているのではありません。大人しかろうが少し騒がしい性格だろうが、そうした表層的なものを超えたところにある明るさです。

極端な例になりますが、いかめしい顔をした人に明るさを感じ、笑顔を絶やさない人に妙な暗さを感じることも希にあるものです。

光輝くほど影は濃くなる

人の心というものを、たとえをもって述べておく。

同じ夜でも闇夜を喜ぶことはなく、月の光があたりをくまなく照らすような夜を喜ぶものだ。

同じような事だが、曇り空を見たいという人はなく、たとえ風流などとは程遠い女であろうとも、明るい日の光とくもりのない鏡を望む。つまり同じように、人も明るいほうが尊ばれ、暗愚な人に親しみを感じたりはしないのだ。

明るく誠実な心を持つ人には運も開けてくる。これをよくよく心得ておけ。


月の光があたりをくまなく照らすような夜道なら、安心して歩くことができます。見上げた空が青く澄み渡っていると、心はおのずから明るくなります。

心の明るい人というのは、安心して信頼を寄せることができる人、その人と一緒にいるだけで不思議と清々しい気持ちになれる人、ということではないでしょうか。

ここまで述べてきた重時の教えは、いずれも心の明るい人物となるためのものということができます。ひとつひとつの教えは、時には、まさかそんなことまでというような細かいこともありますが、その底流には一貫したものがあります。

それは、仏教でいうところの慈悲であり、儒教でいうところの仁、あるいはキリスト教で説かれる慈愛です。

つまり、心の明るい人というのは、心が大いなる愛で満ちている人ということができます。言葉の端々や、ちょっとした仕草にも、周囲に対する慈しみが感じられる人の傍にいると、心は安らぎ、不思議なほど元気になってしまいます。

私は武士道の底流には愛があると確信しています。

武士道といふは、愛することと見つけたり。

長年追い求めてきた結果、ここにたどり着きました。

古来武人が厳しすぎるほど自らを律していた……というより自ら困苦のなかに飛び込むような修行を重ねたのは、何があろうと揺るがない絶対的な愛に近づこうとするためではなかったかとさえ思います。そうでなければ戦場という惨禍のなかに飛び込んでいくことなどできはしないでしょう。

人には自分の命よりも大事なものがあるのです。それは、愛する家族であり、あるいは血を分けた親きょうだい以上に深い絆で結ばれた友であるかもしれない。

絶対的な愛があるからこそ、普通なら怖じ気づくような惨禍のなかへと飛び込んでいくことができるのです。

ところで、光が強ければ強いほど影は濃くなるものです。

これは実に象徴的であるということができます。

人知れず苦しみ、悲嘆に暮れ、それでもなおそこから立ち上がった人というのは、情け深く、他者の痛みに敏感で、限りない優しさでもって寄り添おうとします。自分の経験から、他者の痛みがわかるからです。

つまり光り輝く人、愛情深い人というのは、その分、濃い影を負ってきた人でもあるということです。

今、どうしようもないほどの苦しみを抱えている人は、そこから立ち上がった時、いちだんと光り輝く心を得ているはずです。

そうして自ら立ち上がり、光となる人が、周囲の信頼を得ながら、道を切り開いていくことができる人となる。

重時の親心です。

あらゆる艱難を乗り越え生き抜いてきた人ならではの、どうか力強く生きてくれという願いが込められているのを感じます。

四十七

正直の心は人生の宝

私欲なきところに御加護あり

重時はいの一番に、朝晩神仏に「正直の心を与えてください」と祈ることだ、と教えました。

正直ということは終始一貫しています。正直に始まり、正直に終わるといってもいいでしょう。

正直であることは、武士が最も重んじた「誠」「至誠」の実現においても、決して欠くことができません。

そして、重時にしてみれば、あらゆる難関をくぐり抜けることができたのは、人生を省みてみれば、正直の心であった、と述べています。

人生は夢のごとく短い

船は舵というものをもって恐ろしい波をもしのぎ、荒ぶる大海をも渡っていく。人間界の人は、正直の心をもっていけば、危ない世を神仏の助けを賜りながら渡っていくことができる。

この正直の心というのは、何にも代えがたいほどの宝なのだ。よくよく心得ておくのだ。正直の心は無欲であり、無欲は後世の薬のようなものだ。

返す返すも、この世の中を生きていく人生とは夢のごとく短いものであることを感じておくように。

心に嘘がなく、何も恥じることがない。誰に対しても堂々としていられる。

これほど強いものはありません。そこまでいけば、たとえ周囲から理解されないようなことになろうとも、その辛ささえコントロールできれば、やがて時間が解決すると割り切ることもできるでしょう。

気をつけなければならないのは、わざわざ重時が「正直の心は無欲」としているところです。

自分一個の感情に対しての正直さであれば、それは無欲とはいわないばかりか、単なる我がままであり正直とは似て非なるものです。

ここが難しいところです。自分の言動が我欲から発されているものではないか。そう見えないように見せているだけで、実は自分に優位にものごとが運ぶようにという思いがないか。そんなことを常に問いただす習慣が必要でしょう。

ゆえに「朝夕神仏を拝しなさい」ということになってくる。

これは天を恐れよということに他なりません。あるいは天を敬えといっても同じです。西郷隆盛が「敬天愛人《けいてんあいじん》」を大信念としていたことはよく知られています。そして、「人を相手にせず天を相手にせよ。天を相手にして己を尽くし、人を咎めず我が誠の足らざるを尋ねべし」との教訓を残しました。（参考『南洲百話』山田準著　明徳出版社）

人が自分をどう評価するよりも、天のもとで恥ずべきことがないようにせよ。そのようにして己を尽くしていけ。人が自分に対してたとえ理不尽なことをしたとしても、その人を咎めるのではなく、自分の誠実さが足りなかったのではないかと天に尋ねよ。

このように解釈できるかと思います。

天とか、神仏ということについて馴染みがなく、実感をもって理解することができない人もいることでしょう。

昔は家庭のなかで、実にやさしい言葉で「天」や「神仏」ということが教えられていました。

1章でも述べましたが、それは「お天道様（おてんとうさま）」です。たとえば、親きょうだいや友だちなどに嘘をついたとします。仮に相手がその嘘を信じたとしても、お天道様はちゃんと見ている、わかっているのだ、と、折に触れ言い聞かされたのです。

逆に、良い事をしたのに誰一人気づいてくれる人もなく、誰からも褒められなかったとしても、お天道様はちゃんと見ていてくださる。だから、必ず良い事があるものだと教えられるのです。

これが日本人の恥の文化を支えてきました。つまり、ばれないからといって人を欺くのは人間として恥ずかしいことだという価値観が育まれ、それが正直であることの尊さを教えてもいたのです。

お天道様は、お日さまのことであり、天照大神のことでもあります。この世界を「あまねく照らす大いなる神」の前では、すべてが明らかにされてしまうのです。

正直であれということを、念を押すようにして説いた重時は、さらに「人生とは夢のごとく短いことを感じるように」と述べています。しかも、それを返す返すも忘れてはならない、と。

実際、30代のころから年々加速し、40代、50代は一瞬で過ぎてしまったということは多くの人が異口同音に語るところですし、確かに光陰矢の如し、人生とは束の間の夢のようだとつくづく実感します。

その儚い人生を、後ろめたい思いを抱えて生きるのは、いかにも残念です。

いろいろあったけれど、正直であろうと自分なりに努力して、それなり誠実に生きることができたじゃないか。

最後には、そう思いたいものです。

四十八

義を貫き立派な最期を遂げよ

惜しむべきは名である

鎌倉武士が生んだ価値観といえば、なんといっても「名こそ惜しけれ」です。

つまり「武士は命よりも名を惜しむ」ということです。

この鎌倉武士の価値観が「名誉」という、武士道における重要な徳目へとなっていきました。

その名誉を守るためには、どうしても義が必要になります。ゆえに正義（人として正しい行い）、忠義（主君に対する忠誠）、信義（裏切らない）、仁義（武士の情け、慈悲）といったことが説かれ、あらゆる行動の指針とされました。

この指針に背く生き方をすることは、名を汚すことになる。名誉に傷がつけば子々孫々にまで及び、やがて家は滅んでしまう。

つまり、自分の生き方が未来にまで影響を及ぼすということをも案じていたわけです。

それはすなわち、人生とは自分一個のものではないということです。「自分の人生」と言いながらも、「自分一代だけに関係することではない」ということになるのです。

いまや名誉のために生きるなどということは、およそ現実的ではないとさえ思われるようになってしまったかもしれません。

しかし私は、名誉とは何かを理解しなくなり、それを生きる上での大切な徳目であるという認識を失ったことによって、かえって不幸な人が増えていると感じています。

この人生は自分一代だけのものとする価値観があると、精神的な喜びよりも物理的な快楽を求めがちになります。

物理的な快楽は砂漠に水をやるのと似ています。一瞬満たされたかと思いきや、すぐに乾きます。ゆえに果てを知りません。求めても求めても満たされないので、やがては虚無感を抱くようになります。

「どうせ何をしたところで」という思いで生きていくことは、どんなにか虚しいことか知れません。

このような生き方をしている人が周囲の人々に良い影響を与えるわけ

がありません。自分一人の不満や不幸に他者を巻き込んでいるといっても過言ではなく、それがさらにその人を不幸せにしているのです。

自分の人生だから人には関係ないなどということは、せいぜい誰一人あてにすることなく無人島で自給自足でもして暮らさない限り、決して言うことができないのです。

身は朽ちても念《おも》いは生き続ける

生きるうえでは常に義理を忘れるな。能力と義理とは車の両輪のようなものだ。義理の何たるかを深く知れば、たとえこの身をも家をも失おうとも、正義を捨てることなく屈服するようなこともなく、なおいっそう義理を重んずるようになる。これこそが武人の本懐である。

古い言葉にも、人は死して名を遺す、虎は死して皮を残す、というものがある。この命も、身の行く末も天の定めしものなのだ。何を惜しむものがあろうか。願いが叶わぬ道理などないと知っておけ。

すべてを失ってなおいっそう義理を重んずるという、ここまで至ることはなかなかできないものです。また、そこまですることもないのでしょう。

重要なのは、やはり「人は死して名を遺す」ということであり、そのために日々誠実に生きていくことこそ恒久的な幸せをもたらすのだ、と、気づくことです。

少し前まで、肉体の死を「土に返る」という言い方がされていました。「返る」という言葉に深い意味を感じます。

私たちの体は天地の不思議なはたらきによって形成されたという考え方があります。人智を超えた不可思議なはたらきだけに、究極的には、人間がそのはたらきに介入することはできません。

ゆえに、「命は天の定めしもの」であり、「自分の命」といいながらも、その実、「天の命」ということになる。

そもそも自分のものではないとなれば、この命も体も惜しむ必要などありはしない、ということです。

それは命や肉体を軽んじているわけではありません。むしろ、天からお借りしたものなのだから、天に返すその日が来るまで、大切に扱い、精いっぱい生かし切ることだ、ということです。

もっといえば、天からお借りしたこの命を、可能な限り美しく磨き上げたうえでお返ししたいと願う。そのためには、美しい生き方をすることです。

美しい生き方とは義を忘れずに生きることで、義を重んずる生き方が、名を遺す結果となる。

名を遺すというと、歴史に名を記すとか、何か石碑に刻むとか、そういうことを想像しがちだと思います。

が、名を遺すとは、必ずしもそのような「目に見える形」ではありません。むしろ、そうではなく、たとえば残り香のようなものであるとさえ言っていいかも知れません。

私たちは誰でも、亡き人を思う瞬間があります。

その人と一緒に歩いた道、その人が好きだった花が咲いた時、その人の好物を食卓に載せる時。あるいは、まったく唐突に、その人の面影が浮かぶこともあります。

その時、どんな思いが湧きあがるでしょうか。

素敵な、立派な人だったと思うでしょう。

思い出したくもないような場合は、もしかしたら面影さえも浮かばないかもしれないからです。

想い出してもらえるというのは、美しい生き方をしたからであり、それこそが、何にも代えがたい名誉であると私は思うのです。

つまり、何も特別な存在である人だけが名誉と関わっているのではないのです。

というよりも、どの人も特別な存在なのです。

だからこそ、最後まで立派に生きて、その身を天に返し、そして残り香のように生きた証を遺していって欲しい。

美しく生きた人というのは、願いに生きた人ということもできるかと思います。

なぜなら、「私」をできる限り捨て去り、世の中が少しでも良くなるように、人々が安心して暮らすことができるようにというような、「公」の心で生きたはずだからです。

そのように願う心、念ずる心は、知らず知らずのうちに人に伝わっているものです。関係者の中には、その願いを受け継いでいこうという人も出てくるかもしれません。

また一方で、遥か後世の人が、偶然か必然か、受け継いでいくかも知れません。

私たちが暮らすこの世界というのは、そうした名もなき人々の願いや念ずる心が生き続けているのではないでしょうか。そして私たちは、まったく意図せずして、その願いを受け継いでいるのかもしれません。

若いうちは自分一個の幸せばかりを追い求めていたとしても、さまざまな人生経験を積んでいくうち、少なからぬ人たちが「わずかなりとも世の中に貢献できるようになりたい」という思いを抱くに至るのは、そのせいではないかと、近ごろ私は強く思うのです。

記録という形では、名は残らないかもしれない。

けれど、記録という「目に見える形」ほど儚いものはありません。記録されたとしても、歴史という大河のなかで、いずれは消えていくことでしょう。

それを思えば、この一日一日を、願いを抱きつつ誠実に生きることが、もはや名誉であるといっても過言ではないのです。

コラム

勇敢なる慈悲の人、北条重時

若き重時の下積み時代

北条重時《ほうじょうしげとき》は、どのような生涯を送ったのか。

本文でも随所で触れてきましたが、改めて、その生涯を簡単にまとめておくことといたしましょう。

重時は建久《けんきゅう》９年６月６日（１１９８年７月11日）、北条義時《ほうじょうよしとき》と比企《ひき》朝宗《ともむね》の娘の三男として生まれました。父の義時は後に、鎌倉幕府二代執権となります。長兄の泰時《やすとき》は後に三代執権となり、次兄は朝時《ともとき》です。ほかに弟４人、妹３人がいました。

ちなみに父・義時は北条政子《ほうじょうまさこ》の弟にあたります。また、八代執権・北条時宗《ほうじょうときむね》は外孫です。

母を失ったのは10歳の頃と推定され、幼少期については元服の記録さえ残っていないため明らかではありませんが、どちらかというと寂しいものであったろうと思われます。

承久《じょうきゅう》元年、22歳で小侍所別当《こさむらいどころべっとう》に就任。源実朝《みなもとのさねとも》が暗殺されたのはこの年です。やがて承久の乱が勃発（承久３年、１２２１年）、幕府は義時を中心に団結、総勢19万騎にもなる大軍勢を京都に向けますが、重時は出陣することなく、小侍所別当としての任務にあたっていました。

承久の乱は幕府の圧勝となり、朝廷に対する地位も優位なものとなっていきます。

しかし、大役を果たした義時も元仁《げんにん》元年（1224年）に死去（享年62歳)。それに伴い、北条政子は泰時に執権を任命します。女性でありながら執権を任命したというのですから、その実力の程がわかります。その政子も嘉禄《かろく》元年（1225年）に死去しました。この頃、重時は最初の正室を迎えていたようです。推定年齢は26歳くらいでしょうか。しかし仕事では、これといって目立った働きはなきに等しく、いわば下積み時代といってもいいかも知れません。

六波羅探題として八面六臂の活躍

それが一気に東奔西走縦横無尽の活動を強いられるようになったのが、寛喜《かんぎ》2年（1230年）六波羅探題《ろくはらたんだい》北方への就任です。3月2日、10年以上勤めた小侍所別当職を辞任した重時は、3月11日鎌倉を出立、26日に入京します。

六波羅探題は承久の乱に伴い設置された機関で、北方と南方とがあります。京都東郊にある六波羅領域内の北側と南側にそれぞれの館が設置されており、重時が就任したのは北方です。ちなみに南方に就任したのは北条時盛《ときもり》で、重時の従兄弟にあたります。歳も1歳年長とほぼ同じで、以来、12年間、共に任務を追行することになります。

もっとも、家柄からすると、北方は南方に優越しており、双方で協力し合いながらといえども、実際的には北方がリードしていた、つまり、重時が六波羅探題の政務を主として動かしていたのです。

六波羅探題は機能としては未熟で、人材不足なこともあり、重時はもとよりブレーンはいくつもの役割を兼任しながら、やっと機能を保っていたというのが実情のようです。

はるか東方の鎌倉幕府は、京をどのように治めていくか試行錯誤を繰り返し、現場の重時らはそれに呼応しつつ努力しました。

重時の六波羅探題就任後、公家の記録からは明らかに京都の世情不安に関する記述が減っているとされ、トップに就任した重時の並々ならぬ努力と忍耐を垣間見ることができます。

17年間務めた六波羅探題を辞任する直前、世にいう三浦一族の乱が勃発。その際、たまたま鎌倉に下向していた息子の長時《ながとき》から、「不穏な動きがある」との報せを重時は受けています。重時は京都において、関係者の捜索にあたりました。

ついでながら、長時は重時の次男にあたりますが、嫡男の為時《ためとき》が重病で廃嫡となったのに伴い、長時が嫡男の座を次ぎました。

のちに長時は、時宗が執権に就くまでの中継として一時的に執権の座に就いています（第六代執権）。長時は重時の六波羅探題任命とともに上洛し、重時のもとで仕えながら成長しています。いうなれば、重時の人としてのあり方を、最も受け継いでいる人物といえるでしょう。重時とよく似て権力欲のない、温厚な人物であったとされています。重時が六波羅探題での務めを終えて鎌倉に下向すると、長時がその後を継ぎました。

名実ともに鎌倉幕府の重鎮として

50歳、重時の鎌倉入りは「鳴り物入りで」といっても過言ではありませんでした。そもそも重時に鎌倉下向の指示が下されたのは、指導力に不安のある第五代執権時頼《ときより》が政務補佐を求めたためであるとされます。重時が鎌倉の連署《れんしょ》に就任すると、実際的な政務が次々と執り行われていきました。

重時が連署に就任して以降、宝治《ほうじ》元年8月から同2年末にかけて、20を超える法令が発布されたということです。その中には名主・百姓らの出訴の機会を増やす条例があり、弱者救済という色合いが見受けられたことは先に述べたとおりです。

時頼は重時のもとで政治家としても成長し、執権としての自信も深めていきました。重時に対する信頼は、ともすれば実父以上に深いものがあったでしょう。

建長《けんちょう》元年、重時の娘（のちの葛西禅尼《かさいぜんに》）が時頼に嫁ぎました。時頼23歳、重時の娘は17歳です。この二人の間に生まれた嫡男こそが、元寇《げんこう》に際して断固たる決意をもって国を護った北条時宗《ときむね》です。時宗には重時の血が流れていたのです。

このころから鎌倉では北条氏ゆかりの寺院の建立が相次ぎますが、いかにも神仏を敬うことこの上なかった重時らしい動きでしょう。鎌倉の象徴ともいえる大仏の鋳造も始まっています。

また、禅宗に帰依した時頼は、建長5年に建長寺《けんちょうじ》を建立、次いで聖福寺《しょうふくじ》を建てています。こうした寺院の建立に伴い、都市整備も行われていきました。宋からの交易船も来航するなど、政治は安定し、経済も頂点に達していったといっていいでしょう。

鎌倉幕府の権力が揺るぎないものとなった時点で、幕府は諸国郡郷荘園の地頭代《じとうだい》に対して、十三か条の検断法《けんだんほう》を発布。それは、「強盗などの重大なる犯罪であったとしても、嫌疑だけで身柄を拘束したり、ましてや拷問などで白状させたり断罪してはいけない」、「犯人の父母や妻子、親類などまで罪に問うようなことをしてはいけない」、「勝手に百姓などの田畑をとりあげたり、資財などを奪ってはならない」といった内容が含まれているものということです。

民を大切にせよ、慈しめ。

最下層民の安心した生活を実現しようとしたのでしょう。

重時の慈悲は、ここに至って結実を見たといっていいのかもしれません。

康元《こうげん》元年（1256年）3月11日、重時は出家しました。59歳、約8年半にわたって在職した連署の職を退いたのです。

「若いときからの希望である」

出家についての理由を、重時はこのように述べています。

もっとも、重時が退いた後も、執権時頼の相談に乗っていたことは想像に難くありません。

5年後、病の床に就いた重時は、極楽寺《ごくらくじ》別業《なりどころ》にてその生涯を閉じました。弘長《こうちょう》元年（1261年）11月3日、享年64歳。

合戦で勇ましい武勲を立てるわけでもなく、それどころか合戦の経験そのものがなく、ひたすら政務に身を置いた生涯でした。

あとがき

北条重時の家訓と出逢ったのは、もう随分前のことです。武家の女性が、どういう躾を受けていたのかを調べているうちに、不意に行きあたったのです。

初めて読んだときは（今でも実はそうですが）、いったいこれは何だろうと吹き出してしまったものでした。その頃の私は、武将といえば勇猛果敢なもの、その教えも重厚なものに違いないと思い込んでいました。

というよりも、そうであって欲しいと願っていたのでしょう。自分のなかにある武将のイメージを傷つけたくなかったのです。

というと、あまりにも重時に無礼だと思いますが、まだ人間的にも浅はかだった私には、おおよそ重時の家訓というのは、それほど重要な位置にはなかったのです。

それがいつからか、他の武将の家訓にも増して身近なものに感じられるようになっていきました。それどころか、これはもしかしたら、とんでもなく深い教えではないかとさえ思い始めたのです。

どうすれば武士道を実生活における教えとして表現することができるか。

これは私の課題であり続けました。

武士道は心のあり方、精神性を説くものです。行いは、その精神性から発されるものであり、そうである限り、ともすればどんなことも武士道になり得てしまいます。

つまり、たとえば一服のお茶を点てるにしても、そこにどういう心をもってくるかによって、武士道にもなり、そうではないものにもなり得るわけです。

その答えの一端を、重時の家訓に見いだすことができたと思っています。

今回、重時の家訓を読み解くにあたって、重時という人物そのものにも迫ってみました。そして、知れば知るほど、いったい何者なんだろう？　というほどの畏怖と畏敬を抱くようになりました。今では信じられないほど凄みのある人物であるとさえ思っています。

重時は、いわゆる英雄的な人物ではありません。ドラマや映画などでは、陰湿で才走った計算高い人物として描かれるようなタイプでしょう。

けれど、現実の世の中というのは、実は重時のような地道で生真面目で、あきれるくらい周囲に気を遣うような人々によって動いているのではないでしょうか。

そして、英雄を英雄たらしめるのは、重時のような自ら縁の下の力持ちに徹するような人なのではないでしょうか。

あるいはまた、英雄的な人物であっても、輝かしい一面は氷山の一角であり、実はその大半が人目につかないところでの地道な努力なのではないでしょうか。人は花を愛ではしますが、その根っこを鑑賞することはありません。しかし、心の目でもって花を愛でた時、その根っこを思うことができるものです。

いつからか私は、花を見ながら根を思うようになっていました。それはもとはといえば亡き父の教えです。父から「名もなき人々のことを思え」ということを、ごく幼い頃に教えられました。

その教えを深めてくれた歴史上の人物が二人います。一人は勝海舟《かつかいしゅう》であり、もう一人は『五月の蛍』(小社刊)で採り上げた美濃部正少佐《みのべただし》です。

勝海舟は江戸が火の海になれば庶民はいったいどうなるのかと、その救済に文字通りかけずり回って、江戸無血開城の実現に心血を注ぎました。

大東亜戦争においてただ一人特攻作戦に異議を唱えた若き指揮官・美濃部正少佐は、整備兵や末端の将兵に対して、限りない慈しみの目をもって接しています。私は特攻に異議を唱えたという勇敢な姿よりも、次第にそのようなあり方にこそ惚れていくようになりました。

さらに偶然というか必然というべきか、美濃部少佐を通じてご縁をいただいた人のなかに、このような思考を深めていくきっかけをくださった方の存在がありました。今思えば、その人のあり方は、実に重時に通じるものがあります。

あるいはまた、執筆の直前に、現在における末端の将兵、縁の下の力持ちと称すべき方々と接する機会もありました。

ここに至って重時の家訓は、私にとって強烈な光彩を放ち始めたのです。

重時の終始一貫とした生き方を思うとき、真の強さとは何であるのかということを思わずにはいられません。

重時は、ただ真面目というだけでなく、天の意のまま己の信念を貫くことのできた実に男らしい男、勇敢な武将であったということができます。

そして、そのように強くあることができたのは、限りない慈悲の心があったから…つまり、小さきもの、あらゆる命をも慈しむ大いなる愛が根底にあったからに違いないのです。

武士道の根底にあるのは愛だった…。

だから私は、〝武士道といふは愛することと見つけたり〟と宣言したいのです。

英雄的ではない重時の家訓を題材にしたことによって、自分は特別な存在ではないとか、平々凡々と生きているに過ぎないとか、いわゆる「その他大勢」を自負するような人たちが、実は極めて重要な社会の担い手であるということを語ることができたかもしれません。

そうした無数の人たちの、一見ささやかな勇気と献身と日々の努力に対して、心から感謝と賞賛を贈りたいと思います。

すでに述べたように、本書は歴史上の人物を含め、さまざまな人たちとの出逢いによって生まれました。著者名に私の名前があるものの、正確には「著者代表」として名乗っているに過ぎないと思っています。

名を記されていないすべての方々に、この場をお借りして、篤く御礼を申し上げます。

ありがとうございました。

平成最後の歳

寒梅ほころぶころ

石川真理子

石川 真理子（いしかわ・まりこ）

昭和41(1966)年東京都出身。武家の家系に生まれ、明治生まれの祖母から武家に伝わる薫陶を受ける。文化女子大（現・文化学園大学）卒業後、大手出版社の編集プロダクション勤務。独立後は文筆活動のほか日本精神の啓蒙活動を行う。主な著書『女子の武士道』『女子の教養』『勝海舟修養訓』（いずれも致知出版社）、『新島八重 武家の女はまつげを濡らさない』（PHP研究所）、『明治女が教えてくれたプライドのある生き方』『いまも生きる「武士道」 武家の女性の精神を貫いた祖母の教え』（いずれも講談社）、『心をたがやす言の葉帖』（グッドタイム出版）、『乙女の心得 世界が恋した日本女性』（グッドブックス）、『五月の蛍』（内外出版社）ほか。

仕事で活かす武士道
北条重時の家訓48

発行日	2018年3月17日　第1刷
著　者	石川 真理子
発行者	清田 名人
発行所	株式会社 内外出版社
	〒110-8578 東京都台東区東上野2-1-11
	電話03-5830-0237（編集部）
	電話03-5830-0368（販売部）
印刷・製本	中央精版印刷株式会社

ISBN 978-4-86257-366-7